Thomas Petersen

Konzeptioneller Entwurf von multimedialen Lernprogr
World Wide Web mit JAVA

Bibliografische Information der Deutschen Nationalbibliothek:

Bibliografische Information der Deutschen Nationalbibliothek: Die Deutsche
Bibliothek verzeichnet diese Publikation in der Deutschen Nationalbibliografie;
detaillierte bibliografische Daten sind im Internet über http://dnb.d-nb.de/ abrufbar.

Copyright © 1997 Diplomica Verlag GmbH
Druck und Bindung: Books on Demand GmbH, Norderstedt Germany
ISBN: 9783838601830

http://www.diplom.de/e-book/216133/konzeptioneller-entwurf-von-multimedialen-
lernprogrammen-fuer-den-einsatz

Thomas Petersen

Konzeptioneller Entwurf von multimedialen Lernprogrammen für den Einsatz im World Wide Web mit JAVA

Diplom.de

Thomas Petersen

Konzeptioneller Entwurf von multimedialen Lernprogrammen für den Einsatz im World Wide Web mit JAVA

Diplomarbeit
an der Hochschule für Technik Esslingen (FH)
Juni 1997 Abgabe

Diplomarbeiten Agentur
Dipl. Kfm. Dipl. Hdl. Björn Bedey
Dipl. Wi.-Ing. Martin Haschke
und Guido Meyer GbR

Hermannstal 119 k
22119 Hamburg

agentur@diplom.de
www.diplom.de

ID 183
Petersen, Thomas: Konzeptioneller Entwurf von multimedialen Lernprogrammen für den
Einsatz im World Wide Web mit JAVA / Thomas Petersen · Hamburg: Diplomarbeiten
Agentur, 1997
Zugl.: Esslingen, Fachhochschule, Diplom, 1997

Dipl. Kfm. Dipl. Hdl. Björn Bedey, Dipl. Wi.-Ing. Martin Haschke & Guido Meyer GbR
Diplomarbeiten Agentur, http://www.diplom.de, Hamburg
Printed in Germany

Diplomarbeiten Agentur

Wissensquellen gewinnbringend nutzen

Qualität, Praxisrelevanz und Aktualität zeichnen unsere Studien aus. Wir bieten Ihnen im Auftrag unserer Autorinnen und Autoren Wirtschaftsstudien und wissenschaftliche Abschlussarbeiten – Dissertationen, Diplomarbeiten, Magisterarbeiten, Staatsexamensarbeiten und Studienarbeiten zum Kauf. Sie wurden an deutschen Universitäten, Fachhochschulen, Akademien oder vergleichbaren Institutionen der Europäischen Union geschrieben. Der Notendurchschnitt liegt bei 1,5.

Wettbewerbsvorteile verschaffen – Vergleichen Sie den Preis unserer Studien mit den Honoraren externer Berater. Um dieses Wissen selbst zusammenzutragen, müssten Sie viel Zeit und Geld aufbringen.

http://www.diplom.de bietet Ihnen unser vollständiges Lieferprogramm mit mehreren tausend Studien im Internet. Neben dem Online-Katalog und der Online-Suchmaschine für Ihre Recherche steht Ihnen auch eine Online-Bestellfunktion zur Verfügung. Inhaltliche Zusammenfassungen und Inhaltsverzeichnisse zu jeder Studie sind im Internet einsehbar.

Individueller Service – Gerne senden wir Ihnen auch unseren Papierkatalog zu. Bitte fordern Sie Ihr individuelles Exemplar bei uns an. Für Fragen, Anregungen und individuelle Anfragen stehen wir Ihnen gerne zur Verfügung. Wir freuen uns auf eine gute Zusammenarbeit

Ihr Team der *Diplomarbeiten* Agentur

Dipl. Kfm. Dipl. Hdl. Björn Bedey –
Dipl. Wi.-Ing. Martin Haschke ——
und Guido Meyer GbR ————

Hermannstal 119 k ——————
22119 Hamburg ——————

Fon: 040 / 655 99 20 ————
Fax: 040 / 655 99 222 ————

agentur@diplom.de ————
www.diplom.de ————

Vorwort

Im Zuge der Verbreitung des Internet, speziell des Dienstes welches als WorldWideWeb *(abgekürzt: WWW oder W³)* bezeichnet wird, an den Schulen, öffentlichen und sonstigen Einrichtungen *(Volkshochschule, Bibliotheken, Internet-Cafés)* , ist es an der Zeit, sich auch Gedanken über den Einsatz von HTML-Dokumenten[1] und JAVA[2] im Bereich des Teaching and Learning by W³ zu machen.
Zumal dieses Medium sich für Unterrichtszwecke und zur Nacharbeitung bzw. das autodidaktische Aneignen von Lernstoff geradezu anbietet. Gleichzeitig wird somit der Lernstoff allen in gleicher Form und Aktualität bereitgestellt. Schwierige Sachverhalte sind *(entsprechend aufbereitet und animiert dargestellt bzw. durch Interaktion/Ausprobier-Möglichkeit versehen)* auf diese Weise leichter, verständlicher und werden besser behalten. Durch eigenen Eingriff in die Erklärung durch Interaktion wird ein zusätzlicher Anreiz für den Umgang mit einer solchen Art von Lern-Tools geweckt. Gleichzeitig wird auch Neugier geweckt, sich mit dem dargestellten Stoff zu beschäftigen.
Mit JAVA erreicht man endlich wirkliche Interaktivität, die mit CGI-Skripten *(eine Art Interpretersprache für die Shell des Betriebssystems, welches direkte Betriebssystem bzw. Makro-Befehle beinhaltet und vom Benutzer eingegebene Parameter an aufzurufende Programme, z.B. Datenbanken übergibt)* ohne diesen grafischen Aspekt bisher nicht möglich waren. Zumindest für das Lernen und mit der Erwartung eigenständige, ohne notwendigen Zugriff auf den Server wie bei CGI-Skripten jetzt mit JAVA-Applets *(das sind JAVA-Programme, die über ein HTML-Dokument aufgerufen, geladen und dann auf Client-Seite, d.h. auf dem Rechner des Benutzers, selbständig ablaufen)* arbeiten zu können, wie mit einem lokalen Programm auf der eigenen Festplatte.
Z.Zt. werden in der Bundesrepublik diese vielfältigen Möglichkeiten gerade entdeckt und ihre Nutzung erst allmählich öffentlich diskutiert. Die Gründe dieser abwartenden Haltung liegen in der allgemeinen Zurückhaltung vor neuen Technologien und der fehlenden Manpower, die wohl auf den immer drastischen Sparmaßnahmen beruht. Das wird deutlich, wenn man die 70% der in Kanada z.Zt. angeschlossenen Schulen mit den bisher nur ca. 20% der in Deutschland Angeschlossenen vergleicht, die über das Projekt „Schulen ans Netz" diese Möglichkeit erhalten haben. Dabei spielt auch der Trend der notwendig-werdenden lebenslangen Fort- und Weiterbildung eine wesentliche Rolle. Damit verliert die staatliche gewährte Grundausbildung gegenüber der betrieblichen Aus- und Weiterbildung ständig an Bedeutung. Begünstigt noch durch die öffentlichen Sparpakete, die den Spielraum von Schulen immer weiter einschränken.
Vielleicht spielt auch die Besorgnis mancher Professoren mit, die befürchten, Studenten in ihren Vorlesungen zu verlieren, wenn die Studenten sich Zuhause (oder auch gar nicht) das Vorlesungsmanuskript durchzuarbeiten in der Lage sind. Meiner Meinung nach unbegründet, gegenüber den vielen Vorteilen, wie z.B. das leichtmögliche Aktualisieren von Dokumenten, die Vermeidung von Bergen von einseitig-bedruckten und fehlerhaften Kopien. In diesem Zusammenhang ist auch an die Bildung von Lerngruppen zu denken, deren Teilnehmer sich zusammen den Stoff durcharbeiten können und somit ein weiterer Anreiz zur Teamarbeit initiiert wird.
Allerdings ist auf diesem Gebiet viel Eigeninitiative zu erkennen, die noch koordiniert werden müßte.
Insgesamt wird so eine Art Edutainment betrieben, die während der Wissensweitergabe gleichzeitig noch einen unterhaltenden Aspekt beinhaltet. Warum soll der Bereich Multimedia nicht auch für Lernzwecke eingesetzt werden ? Die Schlagwörter und Aussagen der Werbung verfehlen doch ihren Zweck auch nicht, indem diese durch ihre Absurdität behalten werden. Warum soll man solch eine Art multimediale Werbung nicht auch für das Thema „Lernstoff bewältigen" in gewissem Umfange einsetzen ? Ist Multimedia nicht ein probates Allheilmittel für Wissensdefizite ?

---

[1] *HyperTextMarkupLanguage-Dokumente, spez. Text-Dokumentenformat für das Internet/WWW, das spez. Formatierungen, z.B. für Fettdruck etc. innerhalb des HTML-Dokumentes in Form von eingeschlossenen Grösser-Kleiner-Zeichen enthält bspw. <B>fett</B> gedruckt die dann durch den WWW-Browser interpretiert und entsprechend dargestellt werden, bsp: fettgedruckt*
WWW-Browser ist ein Programm auf Benutzerseite, wie z.B. Netscape oder InternetExplorer von Microsoft, mit dem auf dem Internet gesurft wird
[2] *JAVA: C++-angelehnte betriebssystem-unabhängige Interpretersprache von Fa. SUN*

Verzweigungen von meiner Diplomarbeit auf dem WWW-Server der FHTE

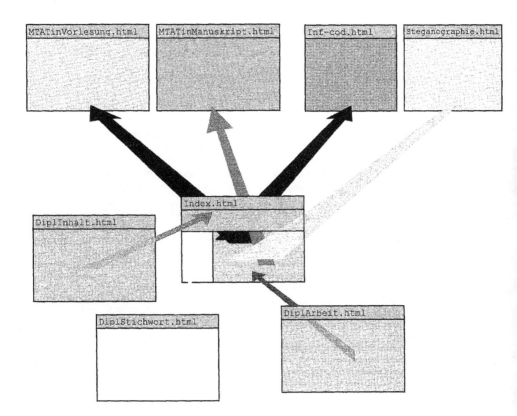

Organisatorisches zur Diplomarbeit

Die vorliegende Diplomarbeit wurde während der praktischen Ausführung im Sommersemester 1997 an der Fachhochschule für Technik in Esslingen (*FHTE*) verfaßt. Das Thema wurde von Herrn Prof. Dr.-Ing Reinhard Schmidt betreut. Zur Vorbereitung der Diplomarbeit diente mir ein von Prof. Dr Goll organisierter einwöchiger JAVA-Kurs an der FHTE.

Ich bestätige hiermit meine Diplomarbeit allein nur mit Hilfe der angegebenen Hilfsmittel eigenständig an der FHTE durchgeführt zu haben.

Dieser Ausdruck der Diplomarbeit erfolgte 24.07.97 14:23

Der Abgabetermin dieser schriftlichen Ausarbeitung wurde festgesetzt am Fr, 20.6.1997

Diese Ausarbeitung ist ebenfalls bis Sept. 97 unter der WWW-Adresse (URL)

`http://www.ti.fht-esslingen.de/~tis3thpe/Diplomarbeit/index.html`

an der FHTE über das WWW mit einem WWW-Internet-Browser einzusehen.

Die Verzweigungsmöglichkeiten auf die realisierten Modelle (*Konzepte*) von der Diplomarbeit aus, sind auf der vorherigen Seite grafisch dargestellt.

In dieser Ausarbeitung meiner Diplomarbeit habe ich Wert auf leicht nachvollziehbare Darstellungen gelegt und bin mit konkreten Beispielen auf Realisierungsmöglichkeiten eingegangen. Bei nicht allen angesprochenen Verfahren sind aus zeitlichen Gründen konkrete exemplarische Realisierungen möglich gewesen. Ansonsten sind einzelne Realisierungsschritte detailliert erläutert und beschrieben für die Aufnahme nachfolgender Arbeiten. Die Diplomarbeit insgesamt versteht sich dabei als ein Einstieg in die Realisierung von Lernsoftware auf dem World Wide Web. Nachfolgende Arbeiten zu diesem Thema sind in der Lage, auf die erwähnten Aspekte und Erfahrungen aufzubauen.

Esslingen, den＿＿＿＿＿＿1997   Thomas Petersen

Inhaltsverzeichnis

Inhaltsverzeichnis

5

Inhaltsverzeichnis

1 Einleitung: Einsatz von Lernanimationen im WWW

Lernsoftware ins WorldWideWeb zu stellen ist nur in Verbindung mit HTML-Dokumenten möglich.

Lern-Animationen und Lern-Simulationen werden daher am gewinnbringendsten für die Wissensvermittlung als Ergänzung innerhalb eines textuellen Erklärung in Form eines HTML-Dokumentes eingesetzt. Anstatt Bilder wie in einem Buch oder Manuskript zu verwenden, können hier durch Bewegung, Farbe, Interaktivität mit dem Lernenden, (*d.h. daß der Studierende in die Wissensaufbereitung eingreifen kann bzw. ihm die Möglichkeit zum Ausprobieren gegeben wird*) zusätzliche Ausdrucksformen angewendet werden, die bisher mit CGI-Skripten bei weitem nicht in diesem Ausmaß möglich waren, bzw. die über die gestalterischen Möglichkeiten innerhalb von Vorlesungen oder gedruckter Manuskripte weit hinausgehen.

Ferner können für den Lernenden Übungsmöglichkeiten und Lernzielkontrollen eingebaut werden, anhand derer er seine Fortschritte verfolgen kann.

1.1 Allgemeine Vorteile

Lernprogramme Vorlesungsmanuskripte und Laborunterlagen, die über das WWW den Studenten zur Verfügung gestellt werden, haben den Vorteil, umfassend (*komplett*) für alle Studenten zu jedem Zeitpunkt, sowie gleichzeitig (*hohe Verfügbarkeit*) und schnell aktualisierbar (*Dynamik*) zu sein.

Es eignet sich zur Vor- und Nachbearbeitung von in der Vorlesung behandelten Lernstoffes und ermöglicht durch die zusätzlichen Ausdrucksformen und der Vernetzung des Lernstoffes ein einfacheres Nachvollziehen und Nacharbeiten des anstehenden Lernstoffes.

Miteingebaut in die Vorlesung dienen diese Lern-Tools zur schnellen unmißverständlichen Erklärung von schwierig zu erklärenden Sachverhalten, die vom Studenten selbst nach der Vorlesung auf der Homepage des entsprechenden Dozenten noch einmal nachzuvollziehen sind.

Durch die Verbreitung und Aufarbeitung von Vorlesungsmanuskripten zum Einsatz im WorldWideWeb fallen damit auch lästige und teure Kopier-Aktionen mit zum Teil fehlerhaften und auch unvollständigen einseitig-bedruckten Manuskripten auf Papier weg.

Durch die weiteren Möglichkeiten die HTML bietet, *kann (für das WWW entsprechend aufbereitetes Manuskript)* auf diese angenehmere und effizientere Weise benutzt werden. Ein Ausdruck der im eigenen WWW-Browser angezeigten Dokumente ist allerdings ebenfalls (*fast ohne Informations- & Formatverlust*) noch möglich. Ansonsten können die Dokumente auch als Datei abgerufen und lokal (*ohne Layout-Verluste*) gedruckt werden, wenn z.B. das PDF-Format eingesetzt wird.

Im Manuskript an den wichtigen und komplexen Stellen des Lernstoffes eingebauten Animationen oder kleinen Simulationen zum Veranschaulichen von Zusammenhängen, wird ein Sachverhalt des Lernstoff durchsichtiger. Mit der Schaffung von Interaktionen durch Eingabefelder, Buttons, Schieberegler, etc. werden zusätzliche Anreize geschaffen, sich mit dem Lernstoff bzw. dem zu verdeutlichenden Prozeß oder Ablauf auseinanderzusetzen, dadurch daß man selbst etwas **ausprobieren** und **aktiv werden** kann. Die Neugier wird geweckt und die **Motivation steigt**. Genauso wie die **Merkfähigkeit** durch einzelnes Ausprobieren und die **manuelle Tätigkeit** mit der Maus und die Erfahrung das Merken und Behalten eines Lernabschnitts vertiefen. Das aktive Miteinbeziehen und Aufforderung des Lernenden zu handeln wirkt sich auf dessen positive Motivation positiv aus.

Der Lernende kann mit diesen Vorführungs- bzw. Simulationsprogrammen durch verändern der vorgegebenen Eingabefeldern das Ergebnis (*Grafikausgabe*) eines Prozesses oder Algorithmusses selbst, das was ihn gerade interessiert austesten oder interessante Eckdaten ermitteln. Dabei möglich sind als Beispiel kleine DOS-Animationen z.B. des Physikunterrichts zur Visualisierung von Schwingungsvorgängen oder Aufruf von z.B. in MatLab geschriebenen Programmen, als auch in JAVA durch native-Methoden eingebundene C++-Programme. In Form von Applets können solche Lernapplikationen über die Verwendung innerhalb eines Vorlesungsmanuskriptes auf dem WWW hinaus, innerhalb der Unterricht / Tutorium vorgestellt werden bzw. auch von vornherein in die Vorlesung miteingebaut sein. Solche (im folgenden als spezielle JAVA-Applets bezeichnete) Applets zu Simulation / Veranschaulichung von einem einzigen Sachverhalt, müssen dann allerdings auch durch Übergabe-Parameter an die entsprechenden Erfordernisse, für die Vorführung im Hörsaal per Overhead-Projektor in ihrer Darstellungsgröße anpassbar sein.

Zusätzlich besteht die Möglichkeit durch Lernkontrollen innerhalb des Manuskriptes (*ggf. anonym*) das Verständnis der Studenten nach einem Lernabschnitt z.B. per MultipleChoice in einer Datei oder per Email zu erfassen.

Denkbar wäre jedoch auch eine komplette Abwicklung. Auf diese Weise können ebenso Besprechungsprotokolle, neueste Versionen von Dokumentationen/Laboranleitungen, Hinweise, Mitteilungen eingespielt werden, wie auch Laborberichte oder Meßdaten in speziell durch passwort-geschützte Unterverzeichnisse abgelegt werden möglich ist.

Dozenten haben so über diesen Passwort-Schutz auch eine einfache Möglichkeit Übungsaufgaben oder Lösungen dynamisch freizugeben.

1.2 Einsatz von JAVA-Applets

Die JAVA-Applets können zur zusätzlichen Visualisierung von schwer zu erklärenden Sachverhalten wie z.B. physikalische Vorgänge oder Algorithmen als Ergänzung zu dem als im HTML-Format abgespeicherten Vorlesungsskript dienen. Entweder eine schrittweise ggf. durch Maus steuerbare grafische Animation ähnlich den Veranschaulichungen bei Telekolleg im Fernsehprogramm SüdWest3, oder sogar vom Lernenden selbst steuerbare Animationen/Simulationen, die je nach Eingabe des Benutzers das Ergebnis, d.h. die Anzeige in der Animation beeinflussen.

Somit kann der Studierende sein abstraktes Denken unterstützen. Es wird damit auf den Lernenden eingegangen und der Lernvorgang den Problemen des Studierenden speziell im Einzelfall eingegangen. Jeder Teilnehmer kann so sein Lerntempo, den Zeitpunkt und die Dauer seiner Übungsstunden selbst bestimmen. Er hat die Möglichkeit Sequenzen beliebig oft zu Wiederholen und auch mit anderen darüber zu diskutieren. Damit wird auch der vielzitierte Aspekt der Vereinsamung und des Zurückziehens beim Benutzen des Internet widerlegt. Natürlich muß der Lernaufbau den Vorgang des gemeinsamen Lernens anregen bzw. darauf zugeschnitten sein. Die Anonymität des Lernens bleibt bewahrt, keiner muß sich schämen, wenn er länger braucht als andere. An jedes Kapitel angehängte Multiple-Choice-Tests ermöglichen dem Lehrer den Lernerfolg seiner Studenten zu überprüfen.

In einem anderen Fall können mit Applet-Eingabemasken Daten an ein installiertes Programm wie z.B. MatLab *(vektor-orientiertes Mathematikprogramm unter UNIX und MS-Windows)* übergeben werden, welches dann mit diesen Eingabedaten eine Berechnung durchführt. Darüber hinaus können sogar via. JAVA-Applet auch *(auf dem gleichen Server installierte)* Demo-Software in einem Applet-Fenster gestartet werden, auf dem bspw. eine Laborvorbereitung durchgeführt, bzw. der Umgang mit einer bestimmten Software außerhalb der Öffnungszeiten der Hochschule geübt werden kann.

Eine weitere Anwendung wäre eine Art Dictionary in Form eines Applets, bei dem die fehlertolerante Eingabe eines deutschen Wortes entsprechende Vorschläge für das Englische Wort und damit gleichzeitig die korrekte Schreibweise dieses Wortes ausgibt, als auch dieses Wort zusammen in der englischen Aussprache wiedergibt *(AUDIO)*. So kann man sich neben der richtigen Schreibweise nebenbei auch das gesuchte Wort über eine abgespielte Sound-Datei (`*.WAV` oder `*.AU`) mehrmals vorsagen lassen.

Durch die mehrdimensionale Vernetzungsmöglichkeit *(Hyperlinks)* von Dokumenten verschiedener Lernthemen, die allerdings teilweise interdisziplinär zusammenhängen, kann beim Lernstoff an den entsprechenden Stellen leichter auf andere Wissensgebiete *(die dann ebenfalls als HTML-Dokument vorliegen)* verwiesen werden. Es entsteht eine bestimmte Struktur der Zusammenhänge verschiedener Wissensgebiete.

2 Aufgabenbeschreibung der Diplomarbeit

An zentraler Stelle steht die Erfassung der Möglichkeiten zum Entwurf von multimedialen Lernprogrammen (Präsentationen) auf der einzig-möglichen Basis von HTML-Dokumenten für das Internet.

Es werden verschiedene Konzepte zum Aufbau von Lernprogrammen entworfen, die verschiedenen Kriterien genügen, um z.B. in der Vorlesung als auch in einem Manuskript im Internet (*World Wide Web, WWW*).

Im ersten Schritt ging es bei dieser Diplomarbeit um die Erfassung der Möglichkeiten zur Nutzung von JAVA-Applets für Lern- bzw. auch Vorlesungszwecke. Darauf aufbauend folgte die Erstellung eines Konzeptes für die Realisierung von JAVA-Applets zur allgemeinen Unterstützung des Lehrbetriebes an der Fachhochschule für Technik in Esslingen. Anhand dieser Konzepte wurden einige Beispiele in JAVA realisiert. In einem Fall die Nutzung von Applets während der Vorlesung als auch der Nutzung des selben Applets in einem ergänzten HTML-Dokument auf dem Internet, zur Nachbearbeitung für Studenten als unterrichtsbegleitendes oder auch weitervertiefendes Material vor- und nach (*in Zukunft auch während*) der Vorlesung.

Der andere Aspekt sieht die Realisierung eines Vorlesungsskriptes auf dem Internet vor, welches von diesem Medium aus auch auf das traditionelle Medium Papier - ohne Layout- und Informationsverlust (!) - ausgedruckt werden kann. Zusammenhängend damit wurde der Augenmerk darauf gerichtet, dieses Vorlesungsskript dabei in einer gewohnten Text-Verarbeitungs-Umgebung (*WinWord, LaTex*) weiterhin erstellen zu können und von dort aus (*mit möglichst geringer Überarbeitung, ggf. auch ohne Nachbearbeitung durch einen HTML-Editor*) auch das Skript in die notwendige Dateiform (*HTML*) für das Internet zu erzeugen. Bzw. auch über Dateifilter wie latex2html[3], rtf2html[4] oder auch ps2html[5] bereits bestehende Dateien ins Internet stellen zu können, ohne diese ein zweites mal editieren zu müssen.

Ein wichtiger Aspekt ist dabei auch die Aktualität des Manuskriptes auf dem Internet zu dem, welches der Dozent in seiner Textverarbeitung zuletzt bearbeitet hat.

Ferner kann der Student das Skript auch in HTML-Format von seinem WWW-Browser aus herunterladen und lokal bei sich mit seinem Browser durchgehen, ggf. bei sich Zuhause dann auch ausdrucken.

Da bisher weder Standards noch Richtlinien oder Empfehlungen für den Aufbau und die Gestaltung von Lernsoftware bekannt sind, war es notwendig konzeptionelle Vorarbeit zu leisten. Eine konkrete Realisierung ist dabei die Bereitstellung eines bestehenden Vorlesungsmanuskriptes im Internet in das Lern-Applets verschiedener Modellkonzepte eingebettet sind

Es kann unter

http://www.ti.fht-esslingen.de/~tis3thpe/Diplomarbeit/Kryptographie/Skript/inf-cod.htm

aufgerufen werden, auf das in einem nachfolgenden Kapitel noch eingegangen wird.

---

[3] latex2html: Programm zur Umsetzung einer Datei im LaTex-Format in eine HTML-Datei
[4] rtf2html: Programm zur Konvertierung einer Datei im RichTextFormat zu einer HTML-Datei
[5] ps2html: Konvertierungsprogramm zur Umsetzung einer Datei im Postscript-Format in eine HTML-Datei

3 Lerntheorie

Von der Wissenschaft der Lerntheorie kommen die Erfahrungen und die Zusammenhänge über die Informationsaufnahme von verschiedenen taktilen Eingangskanälen und die anschließende Informationsverarbeitung und Informationsspeicherung im Gehirn.
Die Speicherung erfolgt über Verknüpfung von Neuronen. Je besser der Lernstoff aufbereitet wird *(d.h. z.B. an bestehendes Wissen anknüpft bzw. konkrete anschauliche Beispiele liefert)* um so verstärkter dient das der Verknüpfung mit den Neuronen im Gehirn. Und je besser die Neuronen verknüpft sind, desto schneller kann eine Verarbeitung des dargebotenen Wissens erfolgen. Dieses auf diese Weise verknüpfte Wissen ist leichter abrufbar und wird auch nicht so leicht vergessen.

3.1 Allgemeine Einflüsse auf das Lernverhalten

Die Effizienz des Lernens wird zum großen Teil durch die Kombination einer Vielzahl von verschiedenen Reizen auf die 6 Sinne des Menschen *(Tastsinn sowie Bewegungsabläufe, Fühlen, Sehen, Hören, Riechen, Schmecken)*. Spektakuläre Vergleiche und Anknüpfung an Bekanntes zusammen mit Farbkombinationen und akustischen Signalen bzw. sprachlichen Erläuterungen steigern die Verarbeitungsgeschwindigkeit von Informationen, die gleichzeitig - durch diese Neuronen im Gehirn besser verknüpft - länger behalten werden.
Die Grafik auf der nächsten Seite illustriert die Einflußfaktoren auf die Informations-Verarbeitung und die Merkfähigkeit.

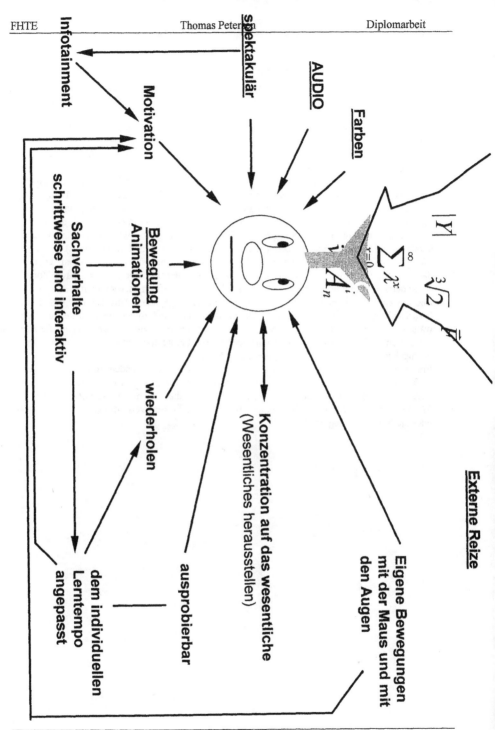

3.2 Möglichkeiten der multimedialen Wissensvermittlung

Im Rahmen der sich mit dem WWW eröffneten Möglichkeiten viele Studenten ständig und gleichzeitig erreichen zu wollen, müssen jedoch auch die vielfältigen multimedialen Möglichkeiten voll ausgeschöpft werden. Die bisher auf dem Markt befindlichen Lernprogramme auf CD-ROM, wie z.B. die Tochter HEUREKA vom Klett-Verlag als auch andere Hersteller von anderen Lernsoftware-Produkten, bieten mit ihrer Lernsoftware nur einen sequentiellen Lernvorgang gegliedert in einzelne Lektionen an. Dies bedeutet, daß wie in einem Schulbuch einzelne Kapitel am Bildschirm nacheinander durchgearbeitet werden müssen. Es besteht bei einigen die Möglichkeit von Buchzeichen (*sog. „Eselsohren"*) unter selbst-definierten Stichworten abzuspeichern, um dorthin zurückspringen zu können. In diesen komerziellen Lernprogrammen werden von den multimedialen Schlagwörtern nur die der Mausbedienung und der kontext-sensitiven Menüs mit der rechten Maustaste (*je nach Thema in dem man sich gerade befindet*) sowie die Sprachausgabe einbezogen. Die Berücksichtigung von wahlfreiem d.h. nicht an eine kapitelorientierte Gliederung gebundene Aufarbeitung von Lernstoff ist (*noch*) nicht auf dem Markt. Angeboten werden bisher auch keine Lernpakete mit simulativen Teilen, an denen ein Sachverhalt, Algorithmus, Vorgang oder Prozeß durch den Lernenden selbst durch Vorgabe und Verändern von Parametern deren Auswirkung dynamisch grafisch angezeigt wird.

Ebensowenig wird bisher eine an den Benutzer angepaßte Aufbereitung des Lernstoffes berücksichtigt. Gemeint ist die Beobachtung der ersten und folgenden Schritte des Lernenden während der Durcharbeitung von *Lernstoff (z.B. auch Art und Häufigkeit des Aufrufs der Hilfe)*, um auf dessen Probleme und Schwächen als auch dessen Lerntempo und seiner besonderen Interessen einzugehen (*künstliche Intelligenz, neuronales Netz*)

Erst durch die Anpassung des Lernvorganges an den Studierenden mit der entsprechenden Aufbereitung der Lernthemen und der dynamischen Vertiefung des Lernstoffen nach Bedarf, zusätzlich zu den „klassischen" Stärken von Multimedia (*Sprachwiedergabe, Grafik, Farben, Mausbedienung, Interaktion, Bewegung*), ist eine gute Wissensvermittlung für das Selbststudium oder die Nacharbeitung erfüllt.

4 Aktivitäten im Bereich Teaching

Bevor eigene Konzepte entworfen werden, ist es sinnvoll sich mit bereits erstellten Lernprogrammen zu beschäftigen und sich einen Überblick auf das Angebot zu verschaffen.

4.1 Universität Karlsruhe

Im Hochschul-Bereich hat die Universität Karlsruhe ebenfalls in dieser Richtung einiges in Angriff genommen, in bezug auf die Verteilung von Vorlesungs-Folien, Vorlesungs-Manuskripte und was den Einblick in unterrichtsbegleitende Bücher betrifft. Es wird in einem Pool sämtliche Folien und Skripte für Studenten zum Downloaden im PostSkript-Dateiformat (*.ps) bereitgestellt. Dies kommt einer gleichmäßigen Verteilung immer der aktuellsten Folien-Versionen ohne Qualitätsverlust unter den Studenten sehr entgegen. Zumal diese Skripte nicht heruntergeladen und ausgedruckt werden müssen, sondern auch per ghostscript angeschaut werden können. Unter der URL http://mmserver.ira.uka.de sind die Bestrebungen der Uni-Karlsruhe von deren Startseite aus einzusehen.

4.2 Eidgenössische Hochschule Zürich

Die der Universität Karlsruhe vergleichbare Anstrengungen wurden auch von der Eidgenössischen Hochschule in der Schweiz unternommen, das Medium Internet zu nutzen: http://educeth.ethz.ch. Ein sehr interessanter Server zum Fach Biologie findet sich unter http://biology.com/visitors/tour/labbench/index.html

4.3 Fachhochschule Esslingen / IFS

Im Rahmen eines Projektes des IFS (*Institut für Fremdsprachen*) ist an der FHTE unter Leitung von Prof. Wynne sind auf WWW-Servern der FHTE ebenfalls einige interessante Arbeiten zu finden. U.a. ein anklickbares Periodensystem der Elemente (*Chemie/Physik*), Alternative Energie und Bestandteile eines Computers.
Einstiegsseite:
http://www.fht-esslingen.de/institute/ifs/stud_proj.html

4.4 Verlage mit Teaching-Software

Auch hier ist ein Trend (*zusätzlich zum gedruckten Buch*) in den Bereich multimedialen Lernes zu verzeichnen und dies für sich komerziell zu nutzen.

4.4.1 Heureka (Klett-Verlag)

Im Verlagsbereich ist derzeit die Klett-Verlagstochter HEUREKA in der Sparte multimediale Lernsoftware auf CD-ROM in Zeitschriften sehr lobend erwähnt worden.
Bei einem deren Konzepte ist der Lernstoff - entsprechend aufbereitet - geschickt in ein Spiel integriert. Durch die Aufgaben, die in diesem Spiel zu lösen sind werden Fächer wie Englisch oder Mathematik sozusagen „spielend gelernt". Zu Erreichen unter http://www.Klett.de.
Für die Entwicklung von eigenen Lernumgebungen und Lernsystemen können dort einige sehr interessante Aspekte übernommen werden. So z.B. bei einem Diktat-Lern-Programm die Rechtschreibfehler-Erkennung und Korrektur, die vom Lernenden selbst konfiguriert werden kann. Genauso ist das Zusammenspiel von sprachlicher Erläuterung zu Hinweisen und die Art der sich öffnenden Dialog-Fenstern gut durchdacht und lern-wirksam umgesetzt worden.

4.4.2 HEISE-Verlag (c't)

In den vergangenen Ausgaben (1997) der Zeitschrift c't vom HEISE-Verlag einige Artikel erschienen, bzw. auf der mitgelieferten CD-ROM einige Lernprogramme publiziert worden sind.
Einen aktuellen Umfang dieser Lernprogramme sowie links zu den Entsprechenden Forschungseinrichtungen sind beim HEISE-Verlag unter der URL:
http://www.heise.de/ct/ zu erhalten.

4.4.3 Herdt-Verlag

Mit Seminarunterlagen und seminar-unterstützten Lernsoftware wartet der HERDT-Verlag auf. Informationen dazu unter der WWW-Adresse http://www.Herdt.de.
Die Produkt-Palette beider Verlage beinhaltet allerdings nur multimediale Software, die sich zum größten Teil (*noch*) nicht auf die unterschiedliche Fähigkeiten und Kenntnisse jedes einzelnen Lernenden beim Durchgang der sequentiellen Lektionen einstellt. Genauso fehlen bislang noch simulative Möglichkeiten bei dem der Lernende anhand von Eingabemasken, Auswahlboxen, Schiebereglern oder Schaltflächen interaktiv Prozesse selbst ausprobieren und steuern kann. Meistens ist der Lernweg vorgegeben, mit nur geringen individuellen Abweichmöglichkeiten des vorgegebenen Lernweges.

4.5 JAVA-sites mit Lern-Applets

Verschiedene Server haben sich neben den sog. Suchmaschinen des WWW zur Aufgabe gemacht, die stetig wachsenden Quellen von JAVA-Applets auf dem Internet zusammenzustellen in Sparten zu klassifizieren und kurz zu dokumentieren.

4.5.1 GAMELAN

Dieser Server beinhaltet zusätzlich zu JAVA-Applets auch ActiveX-Controls.

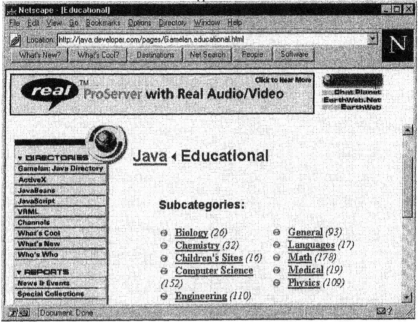

GAMELAN umfaßt derzeit die größte Sammlung Links zu Servern mit JAVA-Applets.

4.5.2 JARS

Auf diesem Server sind JAVA-Applets nach Kategorien eingeteilt meist zusammen mit dem Quellcode zusammengetragen. Über Hyperlinks wird dann zu der Stelle (Server) verzweigt, der diese Applets zur Verfügung stellt. Bei JARS sind - wie unten im Bild zu sehen ist - die Applets kurz zu deren Thema und Inhalt kurz beschrieben.

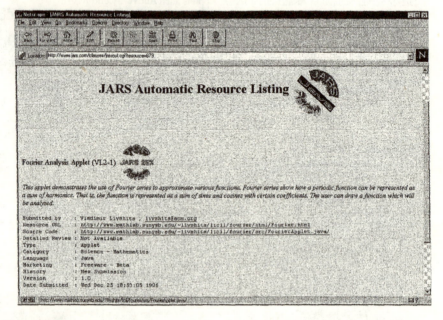

Unter der URL
http://www.ccip.com/KIDS/edu.html
findet man die JARS Kid's education page mit weiteren kleinen Lern-Applets, bei denen auf einfachstem Niveau Kindern Sachverhalte erklärt werden und nicht auf viel Vorwissen gelegt wird.

4.6 Sonstige Quellen und Beispiele von Lernprogrammen

Vom Bereich Didaktik bietet die Uni Würzburg verschiedene Lernprogramme auf CD-ROM
http://didaktik.physik.uni-wuerzburg.de/~pkrahmer/home/homep.html

An der TU Berlin wird ein Manuskript für die Mengenlehre auf dem WWW angeboten, daß mit Formeln als Grafik oder im HTML-3.2-Format angezeigt werden kann.
URL: http://www.educat.hu-berlin.de/kurse/mengen/mengen_n.html

Unter der URL
http://www.learningkingdom.com/eleven/eleven.html
wird ähnlich den Vorführungen bei Telekolleg in Südwest 3 das einfache Multiplizieren von großen ganzen Zahlen mit der Zahl 11 erläutert.

Lissajous-Figuren-Plotter mit der URL:
http://www-groups.dcs.st-and.ac.uk/~history/Java/Lissajous.html

Ein weiteres interessantes Applet zum PN-Übergang bei Dioden findet man bei ...

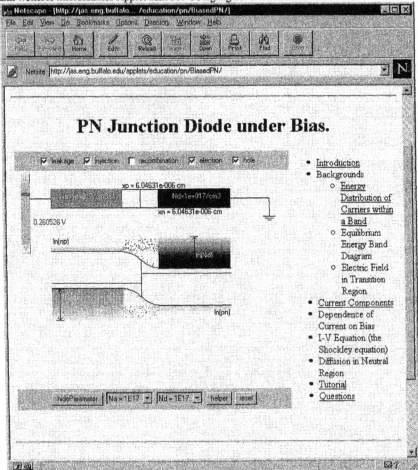

5 Konzeptionelle Arbeit: Lern-Modelle

In diesem Kapitel werden verschiedene Entwürfe für Lernprogramme vorgestellt, die jede für sich einer bestimmten Lernstrategie folgen. Das zu vermittelnde Thema und der Schwierigkeitsgrad genauso wie die Zielgruppe sind bei der Wahl eines Konzepts zu berücksichtigen

Ebenso gelten die Entwürfe für verschiedene Voraussetzungen:

Bei z.B. einem Crash-Kurs sind andere Anforderungen gestellt, als bei einer Schulung zum einem Programmpaket (*bspw. Textverarbeitung erlernen und effektiv für spezielle Nutzung - angenommen für Abteilungsumläufe mit Verteilerliste bzw. spezielle Formulare -*
einsetzen).

Wieder andere Anforderungen werden an die Form von Übungslektionen gelegt.

5.1 Hinweise zu einem generellen Lern-Konzept

Aus den bereits oben genannten Gründen ist eine konfigurierbare und auf verschiedene Zwecke angepaßte Lernumgebung nicht sinnvoll realisierbar. Dies zeigt auch die Fülle von bereits angebotenen Lernprogrammen zu verschiedensten Themen. Das Thema Lernprogramme ist noch in der Entwicklung begriffen und es werden weiterhin Konzepte entwickelt, wobei sich — je nach Nutzen—manche durchsetzen werden und manche dagegen nicht.

5.2 Einzelne Konzepte

Je nach zu vermittelndem Sachverhalt, eignen sich nachfolgende Lernkonzepte mehr oder weniger gut um vernetztes Wissen bzw. die Erläuterung eines komplizierten Vorganges dem Lernenden zugänglich zu machen. Letztendlich entscheidet damit der Sachverhalt, bzw. der Umfang, als auch der Grad der Vernetzung des Wissens, welche dieser Konzepte als Entwurf am besten geeignet ist.

5.2.1 Benutzersteuerbare schrittweise Vorführung mit vorgesprochenen Sätzen

Mit Autoren-Systemen wie MacroMedia oder ToolBook kann eine Art Vorführung erstellt werden, die einen bestimmten Sachverhalt visualisieren soll. Dies ist vergleichbar mit einer Vorführung eines Lektion wie in sie im Telekolleg in SüdWest3 angewandt wird. Zusätzlich dazu kann der Benutzer das Lerntempo, d.h. die Geschwindigkeit der Bildfolgen selbst bestimmen, die Animation anhalten, zurückgehen oder sie automatisch ablaufen lassen.

Diese Art von interaktiven Vorführungen sind universell für verschiedene Themen einsetzbar. Lediglich eine Erstellung mehrerer Einzelbilder bzw. eine Bildaufbearbeitung ist notwendig, um diese dann vorzuführen.

5.2.1.1 Vorteile dieses Modells

1. Verdeutlichung eines Sachverhaltes, durch Bild und Sprache, wie es in der Vorlesung der Fall ist
2. einzelne Bilder können kontinuierlich oder aber auch nach Lerntempo des Benutzer von ihm selbst gesteuert werden
   - Benutzer kann zurück- oder weiterblättern
   - Benutzer kann anhalten zum Überlegen und die Erklärungen wiederholen
3. die Pausen/Anzeigezeiten können für jede einzelne Bildsequenz vorgegeben werden
4. im HTML-Dokument kann die Nummer des erst und des zuletzt-anzuzeigenden Bildes vorgegeben werden.
5. Es kann eine einmalige Startinfo angezeigt werden
6. es kann eine ausschaltbare Hintergrundmusik, (*deren Rhythmus auf optimales Lernen zugeschnitten ist, Stichwort Superlearning*) vom Lernenden ein- oder ausgeschaltet werden
7. zu jeder Bildanzeige kann eine AUDIO-Datei abgespielt werden ...
   - ... deren Länge vorgegeben wird oder
   - ... deren Länge von der Länge der Sounddatei bestimmt wird
8. für alle anzuzeigenden Bildsequenzen kann ein gleichbleibendes Hintergrundbild vorgegeben werden, auf dem die Bildsequenzen transparent dargestellt werden (*Anwendungsbsp: schrittweise Überblendung eines Blockschaltbildes zum erklären der einzelnen Blöcke*)
9. zyklische Wiederholung (ohne Startbild) der Bildsequenz möglich

5.2.1.2 Zwei gangbare Wege

Prinzipiell gibt es zur konkreten Realisierung dieses Modells zwei gangbare Wege:
Nach dem **1. Weg** werden einzelne Bildsequenzen mit den einzelnen darzustellenden Zuständen (*die den Sachverhalt verdeutlichen sollen*) erstellt. Es entsteht somit beim Lernenden der Eindruck eines schrittweisen Aufbaus bzw. der Eindruck einer Bewegung des zu erklärenden Sachverhaltes.

z.B. eine Bildsequenz aus Einzelbildern zur Darstellung des schiefen Wurfs:

Erstes Bild · · · · · · zweites Bild · · · · · · Letztes Bild

Der **2.Weg** geht über nur 2 Bilder (*Hintergrundbild und bewegtes Objekt*) sowie einem Skript (*ASCII-Textdatei für das Applet, bzw. Übergabeparameter aus HTML-Dokument an das Applet*) in dem der Zeitpunkt des Auftauchens des bewegten Objektes (*kleineres Bild*) und die Bewegungsbahn vorgibt.

Diesmal sieht die Visualisierung folgendermaßen aus:

 ····················· 2.Bild (bewegtes Objekt) auf
einer vorgegebenen Gleichung
oder anhand einer Wertetabelle
····················· 1.Bild (Hintergrundbild)

Vorteile bei dieser Art von Visualisierung
- Es müssen weniger Einzelbilder erstellt werden, daraus folgt ...
- ... weniger Speicherbedarf und ...
- ... schnelleres Laden (*der Lernende muß nicht so lange warten*)
- leichte Änderung der Parameter möglich (*z.B. Anfangsgeschwindigkeit der Kugel*)
  Damit geht diese Art der Visualisierung auch in Richtung Simulation, durch mögliche Interaktivität

Nachteile:
- Mit diesem Modell können nicht alle Typen von Visualisierungen realisiert werden.
- Falls der WWW-Browser nicht java-fähig ist, oder aus Sicherheitsgründen die JAVA-Interpretation im Browser deaktiviert wurde, können im 1. Modell - die einzelnen Bildsequenzen in einem animierten GIF zusammengefaßt - anstelle des Applets dem Lernenden trotzdem noch vorgeführt werden, was im 2.Modell nur mit erhöhtem Aufwand möglich ist.

5.2.2 Interaktive Simulation und Visualisierung eines Sachverhaltes

Eine andere Möglichkeit besteht in der programm-technischen Implementierung eines z.B. technischen Prozesses in der Sprache JAVA. Die Eingangsgrößen dieses Prozesses können vom Benutzer eingegeben werden. Aus diesen Eingangsparametern wird dann sofort der neue Prozeßzustand berechnet und grafisch angezeigt. Als konkretes Beispiel könnte man sich ein mathematisches Polynom 4. Grades vorstellen, an dem per Schieberegler die Koeffizienten eingestellt und deren Auswirkungen auf den Kurvenverlauf dynamisch in der Grafikausgabe angezeigt werden. Dies hat den Vorteil, daß der Lernende alle Möglichkeiten ausprobieren kann und den Grund des Verhaltens ggf. nachvollziehen muß. Er kann aber davon ausgehen, daß die Grafikausgabe stimmt im Gegensatz zu seinen eigenen evtl. abweichenden Vorüberlegungen. (*siehe dazu Bsp. Kap. 4.6 Seite 19*)

5.2.3 Dynamisch zugeschnittene Lernstoff-Aufbereitung während des Lernens

Bei dieser Möglichkeit wird ein ausführlich-aufbereiteter Lernstoff abschnittsweise dem Lernenden vorgegeben. Entsprechend seinem Zurückspringen zu bereits frequentierten Abschnitten oder Anfordern von tiefergehenden Hintergrund-Informationen (z.B. *wie oft er die Schaltfläche „weitere Informationen und Beispiele zum aktuellen Thema")* werden die nachfolgenden Abschnitte bereits ausführlicher vorgegeben. Durch die Verwendung einer sog. HISTORY-Liste bekommt der Studierende einen Überblick über die absolvierten und noch für ihn persönlich vorgesehenen bevorstehenden Themenabschnitte. Abschnitts-Kontrollfragen zum behandelten Thema als auch Bewertungen zum Schwierigkeitsgrad/Ausführlichkeit des Lernenden zum bisher durchgenommenen Lernstoff könnten als Kriterium des intelligenten Lernprogrammes für die weitere Darbietung des Lernstoffes den Ausschlag geben.

Mit der Möglichkeit Buchzeichen anlegen zu können, die der Benutzer mit Stichworten versehen kann, kann er sich auf übersichtliche Weise ein eigenes Nachschlagwerk erstellen.

Mit der Möglichkeit eigene textuelle und grafische Notizen einzugeben kann sich jeder sein Lernmaterial auf die persönlichen Notwendigkeit gestalten. Mit allen diesen Aspekten läßt sich ein wesentlich besserer und umfangreicherer Aufschrieb realisieren, der über die konventionellen Mitschriebe + Manuskripte + Bücher weit hinausgeht.

5.2.4 Simultane Unterstützung durch Hilfen während der Eingabe

Gemeint ist dabei eine Verfolgung und Interpretation der Benutzereingaben von Maus und Tastatur zur Bereitstellung von präventiver Hilfe.

Ganz konkret könnte eine benutzersensitive Hilfe parallel während der Arbeit mit einem Softwaresystem, zur Bearbeitung Hinweise und weitere Informationen anzeigen. Auf diese Weise, wie bei den in Programmierumgebung integrierten Editoren die eingegebenen Wörter sofort auf Schlüsselwörter überprüft und falls der Programmierer ein Schlüsselwort eingegeben hat, der Editor dieses Wort automatisch erkennt und mit anderen Zeichenattributen versieht, um es aus dem restlichen Programmtext hervorzuheben. Auf diese Weise werden z.B. *Variablennamen (keine Zuordnung /Übereinstimmung zu einem Schlüsselwort)* kursiv dargestellt, während Typbezeichnungen von Variablen (*int, char, ...*) grün geschrieben werden.

Eine benutzersensitive Hilfe, könnte in einem Editor dem Anwender zusätzlich die Bedienungsinformationen zukommen lassen. Wenn erkannt wird, daß z.B. der Bediener mehrmals die Backspace-Taste drückt, um mehrere Wörter an einem Stück zu löschen, könnte das System diesem unerfahrenen Benutzer (*in einer ständig sichtbaren Informationszeile*) auf die *Tastenabkürzung und den Vorgang des einfacheren und schnelleren Markierens und Löschens mehrerer Wörter* aufmerksam machen. D.h. die Benutzereingaben werden stetig überwacht und ausgewertet. Da zwischen den Tastenanschlägen immer noch genug freie Prozessorzeit übrigbleibt, ist dies ohne merklichen Geschwindigkeitsverlust realisierbar und der Anwender wird nicht durch Wartezeiten in der Geschwindigkeit seiner Aktionen und Eingaben beeinträchtigt. In JAVA wäre dies durch die Verwendung von THREADs realisierbar. Ggf. könnte diese zusätzliche Hilfe auch ausgeschaltet werden. Diese in ein Lernsystem eingebaute Zusatzhilfe könnte ebenso während der Bearbeitung von Übungsaufgaben (*z.B. Syntaxfehler beim Schreiben von C-Programmen*) dem Benutzer direkt bei den auftretenden Schwierigkeiten ohne Zeitverlust weiterhelfen, ganz wie bei einem Privatlehrer.

5.2.5 Mehrdimensional-vernetzte Lernthemen-Aufbereitung nach MindMap

Bei diesem Konzept werden die einzelnen Themen nach ihren Zusammenhängen in einem Netz für den Studierenden zum Anklicken mit der Maus grafisch dargestellt.
Der Anzeigebereich des WWW-Browsers ist dabei in 2 FRAMEs aufgeteilt.
Im oberen HTML-FRAME steht eine Art Netz (*MindMap*) in dem die einzelnen Knoten (*Themen*) durch ihre Zusammenhänge mit anderen Themen durch eine Linie verbunden sind.
Jeder Knoten entspricht einem möglichst begrenzt gehaltenen Thema bzw. nur einer Information.
Der zentrale in der Mitte stehende Knoten ist der Ausgangsknoten. Jeder Knoten ist mit der Maus anklickbar. Jeder angeklickte Knoten erhält einen Haken. Zusätzlich wird durch Farbwechsel der Netz-Linien und hinzufügen einer Pfeilspitze der Weg verfolgt, nach dem die einzelnen Knoten vom Benutzer angeklickt werden. Der Lernende hat somit die optische Übersicht wo er bereits war und kann seinen Gedankengang optisch noch einmal nachvollziehen. Bei jedem anklicken eines Knotens wird entsprechend dem zuvor besuchten (*angeklickten*) Knoten die dargestellte Information entsprechend für den Benutzer im unteren FRAME des Anzeigebereichs des WWW-Browsers aufbereitet (*z.B. durch Anzeige passender konkrete Beispiele*). Auf diese Weise wird dem Lernenden die Auswahl des Lernweges freigestellt, aber gleichzeitig Rücksicht auf den Lernenden genommen, wenn er z.B. auf Differentialgleichungen kommt, wird je nachdem, ob er von der Physik herkommt ein Bsp. aus der Physik mit einer für Physik passenden Erklärung geliefert, bzw. wenn er zuvor im Bereich Mathematik war nur eine mathematisch-formale Erklärung.
Die nachfolgende Grafik verdeutlicht dies noch einmal anhand eines anderen Konkreten Beispiels:

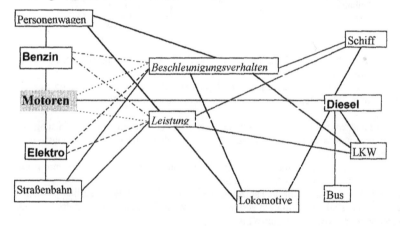

Alle Knoten (*rechteckige Kästen*) sind durch den Lernenden anklickbar. Wenn der Lernende nach dem Klicken auf LKW auf den Knoten Beschleunigungsverhalten klickt, werden unten ausführlichere Informationen angezeigt, als wenn er direkt nach dem Besuch des Knotens Diesel auf den Knoten Leistung klickt. Dann wird bspw. ein Vergleich verschiedener Dieselmotoren angezeigt. Für den Fall, daß der Benutzer nach dem Besuch des Knotens Motoren die Leistung anwählt, käme im zweiten (*unteren*) FRAME des HTML-Dokumentes eine Begründung der Unterschiede der Leistung von verschiedenen Motoren und deren günstigster Einsatzzweck.

Mit dieser übersichtlichen Möglichkeit wird, wie in einem anderen Konzept, der Benutzer nicht durch den Lernstoff geführt, indem dieser nach seinen bisherigen Lernerfolgen für weitere Lektionen unbeeinflußbar angepaßt wird, sondern allein der Benutzer bestimmt selbst seine eigene Themenreihenfolge, so wie er am schnellsten zu dem kommt was er sucht ohne eine umständliche Suchhilfe in Anspruch nehmen zu müssen. Dabei hat er seinen bisherigen Lernweg stets vor Augen. Nach den ersten Schritten der Durcharbeitung könnte die Anzeige des MindMap im oberen FRAME des HTML-Dokumentes folgendes Aussehen haben

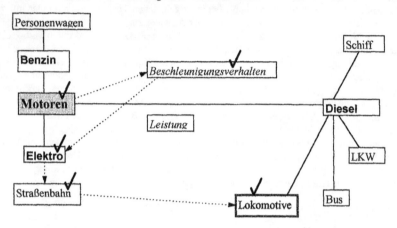

Anstatt der schmucklosen Kästen (*Rechtecke*), könnten auch symbolische Bilder für diese MindMap verwendet werden:
Für Motor ein symbolisch-angedeuteter Motor dem nicht angesehen wird, ob es sich um einen Elektromotor oder Benzinmotor handelt, oder auch eine eingekreiste Menge mit allen 3 Motortypen.
Entsprechend könnte für den rechteckigen Kasten mit dem Knoten für die Leistung ein Gitternetz mit einer roten ansteigenden Gerade bzw. die Physikalische Berechnungsformel oder ein Muskelarm dargestellt werden.
Das Beschleunigungsverhalten wäre am einfachsten durch ein Gitternetz mit parabelförmiger ansteigender roter Kurve am besten geeignet.
Für die anderen Symbole für die Fahrzeuge gäbe es gleichfalls prägnante Bildsymbole.
Der Phantasie sind keine Grenzen gesetzt, soweit es für den Lernerfolg und das Einprägen von ggf. wiederkehrenden Symbolen sinnvoll ist.

6 Professionelle Tools zur Erstellung von Lernsequenzen

Diese als Autorensysteme bezeichnete Software, ist speziell für die Erstellung von multimedialen Lernsequenzen konzipiert.

Zwei derzeit auf dem Markt befindlichen Produkte dieser Sparte werden nachfolgend mit ihren Möglichkeiten kurz vorgestellt.

6.1 ToolBook mit Programmiersprache OpenFrame

Bei dieser Entwicklungsumgebung wird die Lernsequenz in der objekt-orientierten Programmiersprache OPENFRAME erstellt. Dabei ist die Bewegung von grafischen Objekten programmierbar, wie bspw. für die Darstellung eines schwingenden Feder-Masse-Systems. Durch dem Benutzer zugängliche Parameter ist das Verhalten des Schwingungsvorganges diese Simulation mit Masse, Federkonstante und Reibung veränderbar. In ToolBook-Lernsequenzen können über DynamicLinkLibraries (*.DLL-Dateien) Mathematiksysteme, wie bspw. MatLab miteinbezogen werden. An der Fachhochschule für Technik in Esslingen sind dazu bereits einige Exemplare entwickelt worden. Ansprechpartner sind Prof. Thomas Hanak und Prof. Günter Kurz.

6.1.1 Vorteile von ToolBook

Einbindungsmöglichkeit von DLLs. So ist bspw. eine Lernsoftware für MatLab realisierbar, in der in ToolBook eine Hilfe als eine Art Rahmen erzeugt wird, von der aus MatLab-Befehle - über Buttons zusammengesetzt - an MatLab übergeben und ausgeführt werden. Die Ausgabe von MatLab wird in einem extra Fenster von ToolBook dargestellt. Bei der Eingabe der Befehle hat der Benutzer auf diese Weise eine OnLine-Hilfe, die in dieser ausführlichen Art in MatLab nicht zur Verfügung steht.

6.1.2 Nachteil von ToolBook

• Derzeit nicht auf allen Plattformen (*Betriebssystemen*) verfügbar
• Mit ToolBook erstellte Lernsequenzen können zu diesem Zeitpunkt noch nicht in HTML-Dokumente integriert werden.

6.2 Authorware von MacroMedia mit Programmiersprache LIGON

Die Programmiersprache mit der hier programmiert wird, ist wie bei ToolBook objekt-orientiert und ist vergleichbar mit JAVA.

6.2.1 Vorteile des MacroMedia-Produktes mit ShockWave

Die erstellten Lernsequenzen können mit einem WWW-Browser-PlugIn[6] innerhalb einer HTML-Seite angezeigt und mit der Maus bedient werden.

Der rote Rahmen kennzeichnet das in HTML-eingebundene Macromedia-Object. Die grün gekennzeichneten Felder sind anklickbare Buttons des Macromedia-Objektes. Der Rest der in dem roten Kasten befindliche Darstellung ist die animierte Ausgabe des macromedia-objektes.

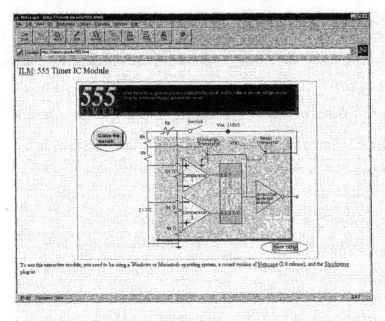

---

[6] PlugIn: Programm, das die Möglichkeiten des WWW-Browsers erweitert und weitere Funktionalität bietet. Es wird bei Netscape im Unterverzeichnis .../Netscape/Programs installiert und ermöglicht im Fall des ShockWave dann, in eine HTML-Seite eingebundene MacroMedia-Objekte auszuführen.

7 Verwendung von JAVA zur Erstellung von Lernsequenzen

Wie bereits anhand der vielen Verweise auf den Bereich der z.Zt. im WWW befindlichen Lern-Applets zu sehen ist, nutzen viele diese Möglichkeit als beste Voraussetzung für das Vermitteln von Wissen und zur Veranschaulichung von Vorgängen.

Dadurch, daß Applets vom Server zum Client (*WWW-Browser*) transferiert und dort auch vom Browser interpretiert und ausgeführt werden, ist die Geschwindigkeit nur von der Leistungsfähigkeit des Rechners des Benutzers beschränkt, wenn das Applet einmal geladen ist. Zudem beanspruchen mehrere Applets nicht unnötig die Rechenleistung des lokalen Client-Rechners, da durch das JAVA-Konzept, verdeckte bzw. deaktivierte Applets, als wartende Prozesse keine Rechenzeit mehr beanspruchen. Im Gegensatz zu ActiveX, geben Java-Applets mehr Sicherheit für den Client in puncto Schreib- und Leseschutz auf der lokalen Festplatte. D.h. damit kann ein Java-Applet auch keine lokalen Programme starten oder einen Virus absetzen.

Das aktuelle JAVA-Development-Kit (*JDK 1.1.2*) ist auf allen gängigen Plattformen (*Win95/NT, MacOS, Solaris, Linux,...*) verfügbar. Es gibt bereits einige Anbieter von sog. IDEs (*Integrated Development Environments, Integrierte Entwicklungsumgebungen*) von denen aus per Editor oder per Menü schnell und fehlerfrei *(automatische JAVA-Code-Generierung)* Applet-Layouts erstellen lassen. In diesen Entwicklungsumgebungen sind auch Debugger und Appletviewer - zusätzlich zu dem meist schnelleren Compiler - enthalten. Unter Verwendung solcher IDEs oder auch RAD-Tools (*Rapid Application Development*) sind Java-Applets einfacher zu erstellen als Active-X-Controls. Zudem ist es eine sauberere Lösung Java-Applets für Lernsequenzen anzubieten, bei denen man vorher nicht irgend-ein Plugin downloaden und installieren muß, bei dem man nicht weiß, in wie weit man damit den Zugriff auf eigene Resourcen freigibt und ob diese auch stabil ausgeführt werden. In Zukunft wird jeder wichtige WWW-Browser JAVA unterstützen, während spezielle Plugins für spezielle in HTML-eingebundene Objekte erst installiert werden müssen. Damit tritt zumindest in den PC-Pools des Rechenzentrum das Problem auf, daß die Software (*also auch z.B. Netscape*) sich auf einem für Studenten schreibgeschützten Netzlaufwerk befindet und aus diesem Grund kein Plugin von Studenten im Browser-Verzeichnis installiert werden kann *(vorherige langwierige Absprachen sind notwendig).*

Mit der an Java-Syntax angelehnte Script-Sprache JavaScript (*bzw. LiveScript*) ist außerdem eine Verknüpfung mit Java-Applets möglich, in dem z.B. der Browser-Typ und die installierten Plugins vom Browser abgefragt werden und dementsprechend das OBJECT zur Ausführung gebracht wird, bzw. das Java-Applet gestartet wird. Weiteres siehe dazu /c't 6/97, Seite 356/

Alles in allem ist jedoch mit JAVA die derzeit und zukünftig einzig praktikable Realisierung denkbar, Lernsoftware für Studenten umzusetzen und auf dem WWW-Server zu präsentieren.

7.1 Schnellere Übertragung von JAVA-Applets durch packen

Bei einer Vielzahl von Applets innerhalb einer HTML-Seite kann es zu langen Wartezeiten kommen. Abhilfe schafft hier ein Programm von Netscape, mit dem JAVA-Applets auf Server-Seite gepackt werden können. Benutzt der Client den Netscape Communicator 4 lädt dieser die Archive in einer kürzeren Zeit und entpackt und diese auf Client-Seite.

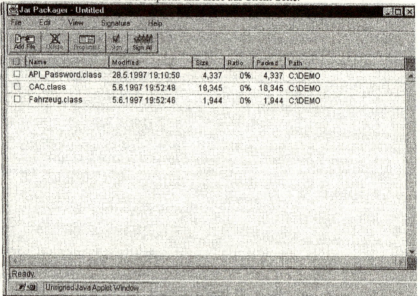

Es wie bei dem Packer-Programm WinZIP die einzelnen JAVA-Applets (*class-files*) zusammen in ein Archiv gepackt.

7.2 Schützen von JAVA-Byte-Code vor dessen De-Kompilierung

Die vom JAVA-Quellcode `*.java` (ASCII) in den JAVA-Bytecode `*.class` kompilierte Datei enthält noch sämtliche Informationen zu Variablen- Klassen und Methodennamen. Mit einem (*derzeit vom Netz genommenen*) Re-Compiler namens **mocca** (bzw. `javap`) ist dieser Bytecode ohne Schwierigkeiten in den Klartext des JAVA-Quellcodes wieder zurückzuübersetzen.

Auf diese Weise könnten in ein Applet Viren einprogrammiert werden, bzw. eigene Entwicklungsarbeit für fremde Zwecke genutzt werden, ohne daß dies beabsichtigt ist.

Um dies zumindest einzuschränken, gibt es Programme, mit denen der `*.java`-Quelltext umgewandelt wird. Dabei werden sämtliche Variablen- Klassen- und Methoden-Namen durch irgendwelche zufälligen und zweckentfremdeten Buchstaben- und Zahlenkolonnen ersetzt. Somit geben diese Namen keine Informationen über deren Verwendung und Zweck preis. Es muß mehr Zeit aufgewendet werden um die Funktionsweise anhand fehlender prägnanter Namen zu verstehen. Also ist das Stehlen unattraktiv und bringt auf diese Weise eine gewisse Sicherheit für den ins Netz gestellten Code, vor dessen unbefugten Änderung und Verwendung dritter.

8 Zielsetzung von lernbegleitendem Material im WorldWideWeb

An erster Stelle ist hier die Motivation zur Durcharbeitung von Vorlesungsmaterial bzw. weiterführendes Wissen zu schaffen. Es besteht eine Akzeptanz von Studenten sich diesem Medium anzuvertrauen, wie bereits an der Universität Frankfurt (Goethe-Institut) festgestellt wurde.

Dabei sind die Voraussetzungen zu schaffen die ein fehlerfreies und benutzerfreundliches Interface geschaffen wird, um überhaupt ein Vorteil für die Lehre daraus zu ziehen.

Dabei ist auf die benutzerfreundliche und selbst-erklärende Aufbereitung des Lernstoffes bzw. der zu erklärenden Vorgänge/Prozesse, sowie der Gestaltung der Benutzerführung zu achten, über links (=*Sprünge zu anderen HTML-Seiten*) auf verschiedene Themengebiete verzweigen zu können.

Der Lernstoff muß so aufbereitet werden, daß es nicht zu Mißverständnissen kommt und soll dabei prägnant das Wesentliche auf einfache Weise erklären. Dazu sind die multimedialen Möglichkeiten entsprechend in Kombination erfolgversprechend einzusetzen.

Ferner sollten diese Lerntools auf einfache Art und Weise in angemessener Zeit erstellt werden können. Ggf. so, daß sich durch einfache Änderungen bzw. durch Konfiguration an andere oder zumindest ähnliche Sachverhalte angepaßt werden können.

Dabei sollte so oft wie möglich der Lernende in Interaktionen mit kleinen Simulationen einbezogen werden und automatisch dessen Neugier geweckt werden.

8.1 Vorlesungsmanuskripte ins WWW stellen

Um einen Übergang vom auf Papier gedruckten zum multimedialen Manuskript herzustellen, ist eingeplant, daß Vorlesungsmanuskript per download als Datei im Postscript-Format zur Verfügung zu stellen.

Somit ist jeder Student in der Lage sich das Manuskript On-Line im WWW (*von Zuhause oder vom Rechnerräumen an der Fachhochschule*) anzusehen, es von dort aus dem WWW-Browser heraus auszudrucken oder es sich als diese Postscript-Datei lokal auf seinen Rechner herunterzuladen und es dort mit Postscript-Betrachtern wie z.B. GHOSTVIEW Off-Line durchzugehen. Von solchen Postscript-Betrachtern kann dieses Skript dann ganz oder zum Teil (*diesmal ohne Layout-Verlust*) seitenweise ausdrucken. Vermutlich wird das Skript als HTML-Dokument immer noch aktueller und mit weniger Fehlern sein als dieser Ausdruck.

8.1.1 Allgemeiner Aufbau eines HTML-Dokumentes für Publikationen

Ein HTML-Dokument wird mit dem ersten Tag <HTML> eindeutig als ein HTML-Dokument und nicht als bspw. ein GIF-Bild identifiziert. D.h. der WWW-Browser interpretiert die nachfolgenden Zeichen nach der HTML-Spezifikation. Stehen z.B. als erste Zeichen in einer im WWW-Browser darzustellenden Datei der Text „GIF87a", so wir dies als vom Browser als eine Bilddatei interpretiert und entsprechend den nachfolgenden Bilddaten als Grafik im Ausgabebereich des Browsers angezeigt.

Zusätzlich besteht die Möglichkeit den Dokumententyp noch genauer über den <!DOCTYPE>-Tag vor dem <HTML>-Tag zu spezifizieren. Genaueres dazu *siehe Literaturliste.*

Zwischen den Tags <HTML> und </HTML> werden alle zum HTML-Dokument-gehörenden Formatanweisungen als HTML-Tags interpretiert sowie der zwischen diesen Tags eingebrachte Text als Ausgabe im Anzeigebereich des WWW-Browsers entsprechend der Formatanweisungen aufbereitet. Vergleichbar mit den geschweiften Klammern in C, C++ oder JAVA, die eine Funktion (*zusammengehörenden Block*) damit kennzeichnen/zusammenfassen. Bis auf Tags zum erzwungenen Zeilenumbruch <BR>, Abschnittswechsel <P>, ... sind die Blockende-Markierungs-Tags </......> **obligatorisch.**

8.1.1.1 Aufbau eines WWW-Dokumentes mit HTML-Tags

```
Beispiel.html
01: <HTML>
02:    <HEAD>
03:       <TITLE>
04:
05:       </TITLE>
05:    <HEAD>
07:
08:    <BODY>
09:
10:       :
11:       :
12:
13:       <APPLET CODE = "Visualisierung.class"
14:              ALIGN=middle  WIDTH=200 HEIGHT=100 >
15:
16:          <PARAM NAME = „Titel" VALUE = „Ueberschriftszeile" >
17:          <PARAM NAME = „Autor" VALUE = „Thomas Petersen" >
18:
19:          <IMG SRC = „Visualisierung.gif"
20:              ALT=„defaultGIFbild nicht geladen" >
21:
22:          <FONT SIZE=-1>
23:             <BR>[kein interaktives Applet ausf&uml;hrbar, da
24:                 Ihr WWW-Browser JAVA nicht interpretiert !]
25:          </FONT>
26:       </APPLET>
27:
28:       :
29:       :
30:
31:    </BODY>
32:
33: </HTML>
```

8.1.1.2 Beschreibung der einzelnen Programmzeilen des HTML-Aufbaus:

Zeilennummer in der HTML-Datei	Beschreibung
01:	Kennzeichnung des Beginns des HTML-Dokumentes für die Interpretation seitens des WWW-Browsers
02:	Der HEADer enthält Meta-Informationen über das HTML-Dokument Innerhalb dieses Tag-Bereichs können weitere Tags stehen <BASE> .... Basis-URL des Dokumentes, falls es Bilder enthält, die relativ zum Pfad angegeben sind, kann(falls das Dokument in einer anderen Umgebung aufgerufen wird) der Browser die eingebundenen Bilder dort finden <ISINDEX> .... innerhalb des Dokumentes kann von einer eingefügten Textzeile aus nach einem Stichwort innerhalb der vorliegenden HTML-Seite gesucht werden <NEXTID> .... URL der nächsten HTML-Seite <META> .... Informationen für Suchmaschinen
03:	<TITLE> Hier wird der sogenannte Titel des HTML-Dokumentes festgelegt der in dem Fenster-Verschiebungsbalken des WWW-Browsers ständig angezeigt wird und unter dessen Namen die URL bei Festlegung eines Bookmarks benannt wird.
04:	Titeltext der in der in der Fenster-Titelzeile des WWW-Browsers ausgegeben wird
05:	Kennzeichnung des Endes des Titeltextes in HTML
06:	Leerzeile die nicht im Anzeigebereich des WWW-Browsers ausgegeben wird. „Normale" Zeilenumbrüche werden bei der Anzeige von HTML-Dokumenten unterdrückt. Soll ein Zeilenumbruch gezwungenermaßen durch geführt werden so muß der Tag verwendet werden. Bei diesem Tag ist kein Ende-Begrenzungs-Tag der Art </BR> notwendig. Genauso werden auch mehrere aufeinanderfolgende Leerzeichen nicht ausgewertet. Sollen im BODY-Bereich des HTML-Dokumentes auch diese Leerzeichen in der Textausgabe berücksichtigt werden, so ist zusätzlich dieser Textblock in die tags <PRE> ...... </PRE> einzuschließen. Anstelle der Formatierung in einen PRE-Block können einzelne erzwungene Leerzeichen auch durch den Tag „NobreakingSpace" <NOBRS> realisiert werden.
08:	Kennzeichnung des im Anzeigebereich des WWW-Browsers auszugebenden Textes, anzuzeigender Grafiken und Einbindung von Objekten (Applets, ActiveX-Controls, Windows-Programme, Sprachausgabe über Browser-Plugins,...)
10:	Hier steht der aufbereitete ASCII-Text mit weiteren HTML-Tags zu dessen besonderen Formatierung.
11:	Weiteres zu der HTML-Sprache dazu im Anhang
12:	wieder eine Leerzeile die durch den HTML-Interpreter (Textaufbereitung, anhand der Formatanweisungen/Tags) nicht berücksichtigt wird bei der Ausgabe (dient nur zur Strukturierung der HTML-Sprache innerhalb des Dokument-Aufbaus für den, der das HTML-Dokument wartet, pflegt und aktualisiert)
13:	Mit diesem Tag wird dem HTML-Interpreter die Einbindung eines JAVA-Applets mitgeteilt. CODE .... gibt die Applet-Klasse (JAVA-binär-Code) an, die gestartet werden soll (falls das Applet sich aus mehreren Klassen zusammensetzt) CLASSPATH ... hiermit kann ein Pfad (Unterverzeichnis) angegeben werden, falls das Unterverzeichnis des Applets ein anderes ist, als das des momentanen HTML-Dokumentes. Falls bspw. die *.class-Dateien des Applets sich in einem weiteren Unterverzeichnis mit Namen „JAVAappl" unter dem des HTML-Dokumentes befinden, dann ergänze sich die Parameterliste folgendermaßen: CLASSPATH=„./JAVAappl"
14:	ALIGN ..... Ausrichtung des Applets; erlaubt sind: LEFT, MIDDLE, RIGHT WIDTH ..... Breite des Applet-Bereichs HEIGHT .... Höhe des Applet-Bereichs
16: 17:	Übergabe-Parameter vom HTML-Dokument an das Applet
19:	IMG ....Parameter innerhalb des Applet-Bereichs. Angabe einer DEFAULT-Grafik, die anstelle des JAVA-Applets geladen werden soll, falls der benutzte WWW-Browser nicht Java-fähig ist, bzw. aus Sicherheitsgründen die JAVA-Interpretation des Browsers in den Optionen deaktiviert wurde, oder sonst ein Fehler aufgetreten ist.
20:	ALT ... Parameter innerhalb des IMG-Tags Für den Fall daß selbst im WWW-Browser das Laden von Bildern ausgeschaltet wurde, bzw. die animierte (bewegte) Grafik aus irgendwelchen Gründen nicht übertragen wurde, erscheint letztendlich dieser Ersatztext. Für WWW-Browser die nicht grafik-fähig sind (wie z.B. lynx unter UNIX), sollte an dieser Stelle ein Text ausgegeben werden, der Hinweis auf die Aussage oder den Zweck der dort plazierten Grafik gibt

Zeilennummer in der HTML-Datei	Beschreibung
22: 23: 24:	Text innerhalb des APPLET-Bereichs. Dieser Text wird dann ausgegeben, wenn das JAVA-Applet nicht gestartet werden konnte aus den bereits oben genannten Gründen.
26:	Kennzeichnung des Endes des APPLET-Blocks
31:	Kennzeichnung des Endes des/der im WWW-Browser auszugebenden Textes/eingebundene Objekte (Text,Bilder,Applets,ActiveX,...)
33:	Ende-Kennzeichnung des HTML-Dokumentes

8.1.2 Nutzung der sich unter HTML bietenden Möglichkeiten

Mit Interdokument-Sprüngen ist gezieltes themen-weises/abschnitt-weises Herausgreifen von Informationen möglich nach der Art von Lexika. Deshalb sind Vorlesungsmanuskripte auf dem Internet weniger als eine Art Lehrbuch zu konzipieren, die ein sequentielles Durchlesen jeder einzelnen Seite erfordert/entspricht wie in einem Lehrbuch, sondern eher als eine Art Nachschlagewerk.

8.1.2.1 Aufbereitung des Vorlesungsmanuskriptes seitens HTML

Erweiterte Möglichkeiten durch Interdokument-Sprüngen

Mittels Trennung von Inhaltsverzeichnis und Stichwortverzeichnis vom Vorlesungsmanuskript und Verpflanzung in verschiedene HTML-FRAMEs wird eine neue und einfachere Art des durcharbeitens und nachschlagens innerhalb des Manuskriptes geschaffen.

8.1.2.2 Aufteilung des Anzeigebereichs des Browsers für Vorlesungsmanuskripte

Dabei geht es um die Trennung der Anzeige des Inhaltsverzeichnisses des Stichwortverzeichnisses und des eigentlichen Themas der Wissensvermittlung, d.h. die Darstellung des Vorlesungsmanuskriptes. Dies ist vergleichbar z.B. mit herausklappbaren bzw. herausnehmbaren Inhaltsverzeichnissen in manchen Nachschlagewerken von Büchern, die zu schnellen Orientierung und der Übersicht dienen sollen.

Die Realisierung erfolgt dabei unter HTML das ab der Spezifikation 3.2 diese FRAMES in ihre Spezifikation mitaufgenommen hat. Damit ist sichergestellt, daß in Zukunft jeder WWW-Browser diese Darstellungsmöglichkeit unterstützt und implementiert hat.

Sie wird in den folgenden zwei Bildern (*zuerst schematisch, dann als konkretes Beispiel anhand des Manuskriptes „Informations- und Codierungstheorie*) gezeigt.

Anzeigebereich des WWW-Browser mit 3 FRAMES

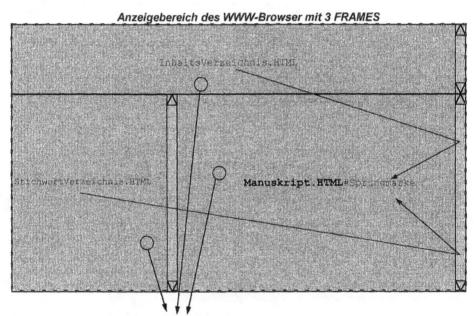

Verschiedene HTML-Dokumente für
Stichwort-Verzeichnis, Inhalsverzeichnis und
dem eigentlichen Manuskript

Von Stichwort- bzw. Inhalts-Verzeichnis aus wird die Anzeige im 3. FRAME rechts unten gesteuert.

Zusätzlich sind Stichworte mit dem <BLINK>.....</BLINK>-Attribut versehen, um sie leichter im Text zu finden. Dadurch daß die Stichwörter herausgehoben werden, sind diese auch als wichtige Wörter leicht erkennbar und prägen sich so vielleicht auch besser ein. Man erkennt so leichter wichtige Stellen im Manuskript.

In dem konkret realisierten Beispiel des Vorlesungsmanuskriptes im Fach Informations- & Codierungstheorie hätte dieses Konzept folgendes Aussehen:

Anzeigebereich des WWW-Browser mit 3 FRAMES

Konkret ist diese Realisierung dieses Manuskriptes im WorldWideWeb unter der URL
http://www.ti.fht-esslingen.de/~tis3thpe/Diplomarbeit/Kryptographie/InfCod.html
zu besichtigen.

Mindestens 2 FRAMES sind auch bei der Realisierung des Konzeptes „mehrdimensional-vernetzte Lernthemen-Aufbereitung nach MindMap" in Kapitel 5.2.5 erforderlich.

8.1.2.3 Hören eines einmaligen Begrüssungstextes beim Laden einer HTML-Seite

Ab Netscape 3.0 kann (*unter Verwendung von FRAMEs*) mit JAVA-Script eine Sounddatei während des Ladens der restlichen HTML-Datei abgespielt werden.

index.html

```
01:  <FRAMESET ROWS="0.*" FRAMEBORDER=0 BORDER=0>
02:  <FRAME SRC="frame1.html NAME="sprachlicheBegruessung" SCROLLING=NO
03:  MARGINHEIGH=0 MARGINWIDTH=0 NORESIZE>
04:  <FRAME SRC="frame2.html NAME="VorlesungsManuskript" MARGINHEIGH=0
05:  MARGINWIDTH=0 NORESIZE>
06:  </FRAMESET>
```

frame1.html (*leeres HTML-Dokument*)

```
01:  <HTML>
02:  <HEAD></HEAD>
03:  <BODY></BODY>
04:  </HTML>
```

frame2.html

```
01:  <HTML>
02:  <HEAD>
03:  <TITLE>FHTE: Skript Informations & Kodierungstheorie </TITLE>
04:  <SCRIPT LANGUAGE="JavaScript">
05:  <!--
06:  function sprachlicheBegruessung( datei )
07:  {
08:  with ( parent.sprachlicheBegruessung.document )
09:  {
10:    open( 'text/html' );
11:    writeln( '<HEAD><BODY> BGCOLOR="FFFFFF"><BR><BR>' );
12:    writeln( 'EMBED SRC="'+datei+ '" WIDTH=2 HEIGHT=2 CONTROLS=CONSOLE
13:  VOLUME=100 LOOP=FALSE AUTOSTART=TRUE NAME="sound" MASTERSOUND>' );
14:    writeln( '</CENTER></BODY></HTML>' );
15:  close();
16:  }
17:  }
18:  //-->
19:  </SCRIPT>
20:  </HEAD>
21:  <BODY onLoad="sprachlicheBegruessung( 'infoAusdrucken.au' )">
22:  .......
23:  </BODY>
24:  </HTML>
```

Es wird hier zur Sound-Abspielung der frame1 generiert mit 0 Pixel. Damit entsteht bei diesem Script der Eindruck, daß es sich um keine FRAME-Darstellung handelt. Die Sounddatei wird im BODY-Tag referenziert.

Der Internet-Explorer von Microsoft bietet zusätzlich zu der HTML 3.2-Spezifikation die Möglichkeit nach dem Verfolgen eines Hyperlinks auf ein neues HTML-Dokument während des Aufbaus und der Anzeige des neuen HTML-Dokumentes eine *.AU oder *.WAV-Datei ein- oder mehrmalig abzuspielen. In dieser AUDIO-Datei kann z.B. ein Begrüßung zu Gehör gebracht werden, als auch Copyrightinformationen oder wie in Fall des Manuskriptes im WWW ein kurzer Hinweis zum Ausdrucken des Skriptes im WWW-Browser.
Der Aufruf hat folgende Form: ....

```
<HTML>
    <HEAD>
        <TITLE>
            &Uuml;berschrift in der WWW-Browser-Titelzeile
        </TITLE>
    </HEAD>

    <BODY BGCOLOR="lightgrey" BACKGROUND="infcodlogo.gif">
    <BGSOUND SRC="infoAusdrucken.au" LOOP=1">
      :
      :
    </BODY>
</HTML>
```

Hinweis:
Bisher nur bei der Verwendung des Internet-Explorers von Microsoft einsetzbar

8.1.2.4 Einfügen eines Wasserzeichens (Hintergrund-Bild) in das Vorlesungsmanuskript

Um Copyrightinformationen, als auch Informationen nach dem Ausdruck eines Internet-Vorlesungs-Manuskriptes auf den ausgedruckten Seiten zu haben, kann ein im HTML-Dokument angezeigtes Hintergrundbild sehr hilfreich sein.

Dies ist in der Form

```
<HTML>
    <HEAD>
        <TITLE>
            &Uuml;berschrift in der WWW-Browser-Titelzeile
        </TITLE>
    </HEAD>

    <BODY BGCOLOR="lightgrey" BACKGROUND="infcodlogo.gif">
        :
        :
    </BODY>
</HTML>
```

realisierbar.

Dieses Hintergrundbild wird vom WWW-Browser einfach mehrmals hintereinander in dessen Anzeigebereich dem HTML-Dokument hinterlegt.

8.1.2.5 Zur-Verfügung-Stellung des Manuskript für Studenten

Vorab der Diskussion der generellen Bereitstellung von Vorlesungsmanuskripten, kann eine zuvor erhobene kleine Statistik die Häufigkeit frequentierten HTML-Seiten liefern. Auf diese Weise erhält man Informationen zu welchen Zeiten und wie oft auf eine bestimmte Seite zugegriffen wird. Über ein Feedback der Studenten per Email sind erste Erfahrungen zu sammeln. Darüber hinaus möchte man jedoch auch später und vor allem auch bei Laborübungen eine Kontrolle darüber behalten, welcher Student sich auf die Laborübungen wie lange vorbereitet hat, bzw. ob er sich überhaupt vorbereitet.

In diesem Zusammenhang ist es auch wichtig, daß auf verschiedene Verzeichnisse nur nach deren expliziten Freigabe zugegriffen werden kann, um u.a. Lösungen zu Übungsaufgaben zu erhalten.

8.1.2.5.1 Protokollierung des Zugriffs von Studenten

Im folgenden soll ein kleines CGI-Script die Möglichkeit der Protokollierung von Zugriffen auf eine bestimmte HTML-Seite zeigen.

Im Verbindung mit dem darauffolgenden HTML-code werden alle Zugriffe auf eine bestimmte Seite in der Datei zugriffe.ascii gespeichert, die dann ausgewertet werden kann.

```
StudentenZugriffe.cgi   (Unix-Shell-Skript, vgl. Batch-Datei unter DOS)
01: #!/bin/sh
02:
03: echo Content-type: text/html
04: echo ""
05:
06: cat << EOF
07: <HTML><HEAD><TITLE>Besucher meiner Laborveranstaltungen</TITLE>
08: </HEAD><BODY><PRE>
09: EOF
10:
11: cat /users/www/logs/access_log | grep PDV >StudentenZugriffe.ascii
12: cat << EOF
13: <hr><b>folgende Teilnehmer am PDV-Labor:
14: EOF
15: cat StudentenZugriffe.ascii
16: cat << EOF
17: </B></PRE></BODY></HTML>
18: EOF
```

Diese CGI-Datei muß die Dateiattribute für eine ausführbare Datei erhalten; z.B. mit dem vom Unix-Prompt aus mit dem UNIX-Kommando
tiix05:~> chmod a+x StudentenZugriffe.cgi
gefolgt von der Eingabetaste.

```
StudentenZugriffe.html
01:  <HTML>
02:
03:    <HEAD>
04:      <TITLE>Auswertung der Besucher meiner Homepage</TITLE>
05:      <!--asWedit: Layout Document Head BASE -->
06:      <BASE HREF="http://www.ti.fht-esslingen.de/~tis3thpe">
07:    </HEAD>
08:
09:    <BODY>
10:
11:  <H1>Homepage-Statistik</H1>
12:  <A HREF="http://www.ti.fht-esslingen.de/~schmidt/StudentenZugriffe.cgi">
13:
14:  Besucher-Auswertung der Labor&uuml;bungen</A>
15:
16:    </BODY>
17:  </HTML>
18:
19:
```

Ferner kann per CGI-Skript nach einem erzwungenen Login mit *Paßwort (wie es in kommenden Kapitel beschrieben wird)* die Systemvariablen REMOTE_HOST (*=Host-Name*), REMOTE_ADDR (*=Host-IP-Adresse*) und REMOTE_USER, Daten über den Client ermittelt werden. Diese Variablen werden aus Datenschutzgründen nicht vom WWW-Browser gesetzt. Ist jedoch ein Server-Login durch ein geschütztes Unterverzeichnis erzwungen worden, so sind auch diese Systemvariablen (*vor allem* REMOTE_USER) gesetzt und können mit dem nachfolgenden CGI-Script ausgelesen werden. Dieses Skript ist ein Unix-Shell-Skript, welches auf allen UNIX-Rechnern abläuft (*es muß keine spezielle Unix-Shell dafür installiert sein*)

```
BenutzerInfo.cgi
01:  #!/bin/bash
02:
03:  echo Content-type: text/plain
04:  echo ""
05:
06:  echo Report ueber eingeloggten Benutzer:
07:  echo
08:  echo Anzahl Argumente $#. Argumete is "$*".
09:  Echo
10:  echo QUERY_STRING = "$QUERY_STRING"
11:  echo REMOTE_HOST = $REMOTE_HOST
12:  echo REMOTE_ADDR = $REMOTE_ADDR
13:  echo REMOTE_USER = $REMOTE_USER
14:  echo AUTH_TYPE = $AUTH_TYPE
15:  echo "..............................."
16:  for i in 1 3; do
17:  VARNAME=`echo "$QUERY_STRING" | cut -d\& -f$i | cut -d\= -f1`VARVALUE=`echo
18:  "$QUERY_STRING" | cut -d\& -f$i | cut -d\= -f2`
19:  echo "................."
20:  echo $VARNAME : $VARVALUE
21:  export $VARNAME=$VARVALUE
22:  done
23:  echo $Nachname
24:  echo $geheim
25:  date
26:  echo `$HOME/public_html/$PROG $Nachname $geheim`
27:  #~schmidt/public_html/abfrage $Nachname $geheim
28:  #~schmidt/public_html/$PROG $Nachname $geheim
29:  #env
```

Dieses CGI-Script muß ebenfalls vom root-Verzeichnis aus im Directory /cgi-bin stehen und ausführbar sein (*siehe UNIX chmod-Befehl*)

8.1.2.5.2 Serverseitiger Passwort-Schutz für einzelne Unterverzeichnisse

Mit dem Programm `htpasswd` kann auf einem NCSA-Server ein Unterverzeichnis mit Passwort-Abfrage versehen werden. Jemand, der von seinem WWW-Browser (Client) aus auf eine URL mit Pfadangabe (z.B.

`http://www.ti.fht-esslingen.de/~tis3thpe/unterverzeichnis/privat.html`

zugreifen möchte, wird vom Server zur vorherigen Passwort-Eingabe aufgefordert.

In diesem Fall fängt der Server die Anforderung auf den Zugriff des Unterverzeichnisses ab und verlangt in einer Dialogbox zur Eingabe des Paßwortes auf.

Die Vergabe von Paßwörtern an verschiedene Benutzer erfolgt z.B. auf der Unix-Eingabezeile (Prompt) zunächst mit

`/usr/local/etc/httpd/support/htpasswd -c /users/stud/ss93/ti/tis3thpe/.htpasswd geheim⏎`

Mit dem gleichen Kommando (ohne die Option `-c`) wird die Passwort-Datei `.htpasswd` um weitere Nutzungsberechtigte erweitert.

In dem vor zu schützenden Unterverzeichnis muß die zusätzliche Datei `.htaccess` mit folgendem Dateiaufbau angelegt sein:

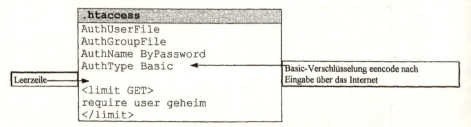

Bei einem CERN-Server funktioniert dies mit dem Befehl `htadm` und der Datei `*htpasswd*`

Weitere Informationen dazu unter `http://hoohoo.ncsa.uiuc.edu/docs/tutorials/user.html`

8.1.2.5.3 Ausdrucken des Manuskriptes von WWW-Browser aus

Studenten haben die Möglichkeit das Manuskript wie gewohnt seitenweise mit dem Inhaltsverzeichnis oder durch scrollen durchzugehen. Über die erweiterten Möglichkeiten der Vernetzung mit Interdokument-Sprüngen können sie darüber hinaus schnell über das Stichwortverzeichnis an die entsprechende Stelle im Dokument springen. Die ins Stichwortverzeichnis aufgenommenen Begriffe blinken an deren Stelle im Manuskript.

Mit weiteren im Manuskript befindlichen URLs können Referenz-Seiten aus dem Internet direkt angewählt werden.

Um das Vorlesungsmanuskript vom Internet über den WWW-Browser auszudrucken, muß zuvor die Interpretation von JAVA-Applets durch den Browser abgeschaltet werden, da die Grafikausgabe der in das HTML-Dokument-eingebetteten JAVA-Applets nicht mitausgedruckt wird. An dessen Stelle würde eine freie Fläche erscheinen. Um jedoch wenigstens ein Standbild des JAVA-Applets bzw. ein Ersatzbild mit den wichtigsten Informationen ausgedruckt zu bekommen, ist anstelle der JAVA-Applets die Ersatzgrafik vom Browser zu laden. Dies erreicht man durch die Deaktivierung der JAVA-Interpretation durch den Browser.

Für den Fall, daß das Inhaltsverzeichnis, das Stichwortverzeichnis und das Vorlesungsmanuskript in 3 FRAMES verteilt im WWW-Browser angezeigt werden, so ist der Ausdruck jedes einzelnen FRAMEs notwendig.

Viele WWW-Browser generieren beim Ausdruck eine Kopf und Fußzeile mit Informationen zu Seitennummer, URL und Datum. Zumindest die erzeugten Seitenzahlen müssen dann nicht zwangsläufig mit denen des Inhaltsverzeichnisses und denen des Stichwortverzeichnisses übereinstimmen. Somit gehen Hinweise zum Auffinden von Informationen in dem ausgedruckten Skript verloren. Ferner ist das Ausdrucken von nur einer Seite des Manuskriptes nicht möglich. Dafür kann jedoch über CUT & PASTE per Maus auf dem Anzeigebereich des Manuskriptes im Anzeigebereich WWW-Browsers der Textausschnitt markiert werden, (*bei Win95/NT: noch mit Tastenkombination Strg+C*) der markierte Bereich in ein Text-Editor-Fenster kopiert werden. Allerdings ist dies nur mit Text und nicht mit Grafiken oder Formeln möglich !

8.1.2.5.4 Aktivierung der JAVA-Interpretation im verwendeten WWW-Browser

Für den Internet-Explorer von Microsoft entsprechend umzustellen, sind folgende Schritte im **Options**-Menü notwendig

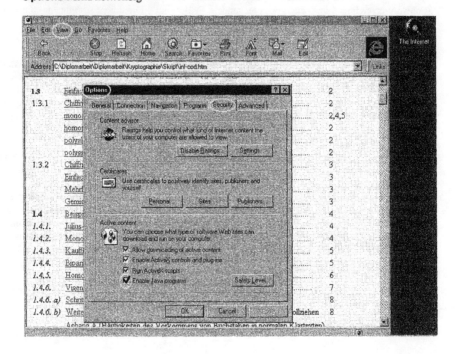

Für den Netscape-Browser ist dies im Network-Menü ebenfalls unter **Options** durchzuführen

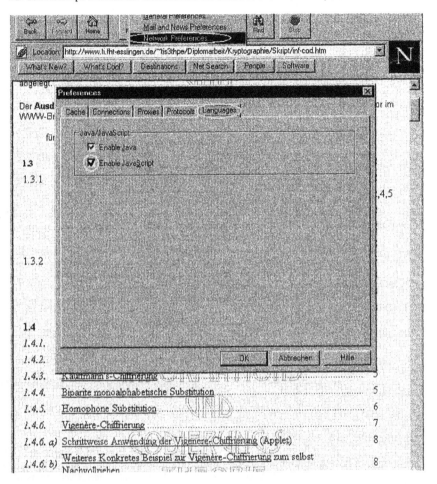

8.1.3 Konvertierung bestehender Vorlesungsmanuskripte nach HTML

Bevor man sich überlegt sich in einen HTML-Editor-Umgebung einzulernen und damit die HTML-Tags kennen zu müssen, ist es effizienter weiterhin in der gewohnten Umgebung zu arbeiten und die abgespeicherten Dokumente mittels Dateifilter nach HTML zu konvertieren.

Zu beachten ist dabei allerdings, daß es auf jeden Fall bei der Konvertierung zu Format- und zusätzlich auch zu Layout-Verlusten kommt, da es sich bei der Anzeigeumgebung des WWW-Browsers sich nicht um ein Stück Papier mit fester Größe handelt (*je nachdem wie groß das Browser-Fenster vom Benutzer gemacht wird, sieht die Darstellung und die Zeilenlänge anders aus*). Mit der Beachtung weniger Punkte kann dies eingeschränkt oder fast ganz vermieden werden.

8.1.3.1 Layout-Verluste

Nicht alle möglichen Formatierungen, die in Textverarbeitungssystemen gängig sind, sind auch in der Darstellung in einer HTML-Seite möglich.

Dies sind z.B. Kopf und Fußzeilen als auch Seitennummerierungen. Sie sind schlicht überflüssig oder haben keine Bedeutung. Leider werden auch andere sinnvolle Formatierungen oft nicht richtig umgeformt. Die beiden nachfolgenden Kapitel gehen dabei auf die beiden Texterstellungssysteme LaTex und WinWord ein.

(Kopf- & Fußzeilen, Fußnoten, Inhaltsverzeichnis, Formelzeichen als Grafik, PRE-Tag muß bei Programmcode nachträglich gesetzt werden, durchnummerierte Kapitelüberschriften....)

8.1.3.2 LaTex nach HTML (latex2html)

Bei LaTex (gesprochen: LATECH) handelt es sich nicht um eine Textverarbeitung im eigentlichen Sinn, sondern um eine Art Programmiersprache für die Erstellung anspruchsvoller Dokumente wie z.B. auch Bücher.

Formatverluste treten dabei bislang hauptsächlich bei der Verwendung von mathematischen Formeln auf.

Weitere Informationen dazu und das herunterladen aktueller Versionen dieses Dateifilters unter der URL
`http://cbl.leeds.ac.uk/nikos/tex2html/doc/latex2html/latex2html.html`
verfügbar.

8.1.3.3 WinWord-Dokumente nach HTML

Für die Umformung von WinWord-Dokumenten gibt es mehrere Möglichkeiten. Zum einen bieten die meisten HTML-Editoren unter Win95/NT die Möglichkeit, diesen Dateityp zu importieren und umzuwandeln. Eine zweite Möglichkeit besteht in der Verwendung eines Zusatzprogrammes für WinWord mit dem Namen InternetAssistant. Nach dessen Installation werden die Menüs von MicrosoftWord um einige englische Einträge ergänzt.

Damit ist die Erstellung von HTML-Dokumenten direkt in der gewohnten Umgebung gegeben.

8.1.3.3.1 InternetAssistant - Zusatzprogramm für WinWord

Numerierte Kapitelüberschriften sollten mit InternetAssistant weggelassen werden, bzw. in diesem Fall auf den HoTMetaL PRO - HTML-Editor umgestiegen werden.

Kopf- & Fußzeilen werden nicht mitübernommen ins HTML-Dokument, genauso wie Fußnoten ignoriert werden.

Leider werden bei der Konvertierung auch Stichwortverzeichnisse und Inhaltsverzeichnisse ignoriert.

Immerhin werden Formeln in Form von GIF-Grafiken mit fortlaufender Nummer gespeichert und im konvertierten HTML-Dokument mit dem entsprechenden Tag zum Wiedereinbinden der Grafik versehen.

8.1.3.3.2 Der HTML-Editor HoTMetaL PRO

Der Qualität der Konvertierung ist besser als die des InternetAssistant. Es werden nummerierte Kapitelüberschriften richtig übernommen. In WinWord erstellte Vektorgrafiken werden konvertiert zu GIF-Bildern und ebenfalls miteingebunden. Mehrere nacheinander stehende Leerzeichen werden durch genauso richtig übersetzt, wie auch Tabulatoren umgeformt werden.

8.1.4 Weitere Erstellung von Manuskripten in der gewohnten Textverarbeitungsumgebung

Bei HTML-3.2 ist bei der Erstellung von mathematischen Formeln eine zunehmende Annäherung LaTex-Syntax zu verfolgen. Damit ist zu erwarten, daß die Umsetzung von LaTex-Dateien die mathematische Gleichungen enthalten nach HTML, dort zukünftig keine Formatverluste auftreten werden. Bei der Verwendung von Umlauten bzw. griechischen Buchstaben in LaTex treten noch Probleme auf, in dem diese Symbole in GIF-Bilder konvertiert werden.

Die Durchnummerierung der Gleichungsnummern erfolgt bei LaTex automatisch und kann als Gleichungsverzeichnis wie auch ein Bildverzeichnis in HTML mit umgesetzt werden.

8.1.4.1 Präventive Gestaltung von Dokumenten im Hinblick auf spätere Umsetzung nach HTML

Format- und Layout-Verluste müssen weiterhin in Kauf genommen werden, wobei sich dort sicherlich noch einiges verbessern wird. Am besten schneidet dabei die Umsetzung von LaTex nach HTML (latex2html) ab. Mit diesem ständig erweiterten und gewarteten Dateifilter ist die Umsetzung nach HTML mit den wenigsten Problemen behaftet.

8.1.4.2 WinWord: InternetAssistant

Für die Bearbeitung mit WinWord und dessen Erweiterung in Form des InternetAssistant müssen zentrierte Gleichungen mit manuell vergebenen Gleichungsnummern in eine Tabelle (*ohne Rahmen*) gesetzt und innerhalb der Spalte ggf. linksbündig formatiert werden.
Bsp. aus dem Vorlesungsmanuskript „Informations- & Codierungs-Theorie
(*Rahmen der Tabelle nur zur Verdeutlichung angezeigt*)

$$\varepsilon_{k_i} : \ M^{(\mu_i)} \to C^{\gamma_i} \qquad\qquad (1.1)$$

8.1.4.2.1 Bewertung des Internet-Assistant für das Erstellen von Manuskripten

Nach der Korrektur der falschen Umsetzung von Kapitel-Nummerierungen und automatischer Erzeugung des <PRE>-Tags in HTML für Courier-formatierte Textabschnitte, ist diese Umgebung empfehlenswert.

8.1.5 Erstellung und Konvertierung im HTML-Editor HoTMetaL PRO

Hierbei handelt es sich um einen leistungsstarken HTML-Editor, bei dem auch verschiedene Dateitypen von Dokumenten importiert, konvertiert und als HTML-Dateien ausgegeben werden können. In einem späteren Kapitel wird auf diese HTML-Editor nochmals ausführlicher eingegangen. Hier soll nur kurz die Möglichkeiten der Dokument-Konvertierung mit diesem tool eingegangen werden.

- AmiPro-Dateiformat (*.SAM-Dateien)
- Word Dokumente (*.DOC-Dateien)
- Word Perfect (*.WPD-Dateien)
- RichTextFormat (*.RTF-Dateien)
- Textdateien (*.TXT-Dateien)

8.1.6 Vorteile für die Lehre

Schnell aktualisierbare und korrigierbare Manuskripte, die jedem sofort zur Verfügung stehen und damit keine Verteilungsprobleme mehr austreten. Erreichung vieler Studenten zur gleichen zeit, hohe Verfügbarkeit.

8.2 Laborsoftware und spezielle Programme im WWW-Browser ausführen

Auf die Weise in der kleine Visualisierungs-Tools, welche z.B. für die Physik-Vorlesung erstellt wurden, in Vorlesungsmanuskripte an den geeigneten Stellen innerhalb des HTML-Dokumentes eingefügt werden können, ist diese Möglichkeit der Ausführung von Windows-Programmen darüber hinaus auch für andere Zwecke zu nutzen. Mußte an der FHTE wegen der begrenzten Anzahl von UNIX-Rechnern am Server auf dem STATEMATE installiert war, über das Netz an PCs mittels X-Window und Geschwindigkeitseinbußen von dort aus auf das auf dem UNIX-Server installierte STATEMATE zugegriffen werden, ist zwischen dem Zugriff von einem UNIX-Rechner oder einem PC auf den Softwareserver kein Geschwindigkeitsunterschied mehr vorhanden. Im Hinblick auf die Renaissance von Terminals in Form von Netz-Computern, wird dieser Aspekt an Bedeutung gewinnen.

8.2.1 Vorteile für die vom Studenten auszuführenden Laboraufgaben

Für die Vorbereitung von Laborversuchen (*Benutzung des Compilers und Linkers*), als auch z.B. die Testdurchläufe von zu brennenden EPROMs mit spezieller tlw. selbst-entwickelter Laborsoftware, die nur einmal installiert ist, sind die knapp-gehaltenen Laboraufenthalte in entsprechender Weise besser und langfristiger mit mehr Ruhe vorzubereiten. Die Ressourcen (*Laborplätze*) können so besser ausgelastet werden, wie auch die gewonnenen Labordaten einfacher am Rechner nebenbei zum Teil bereits erstellt werden können.

8.2.2 Software-Technologie für den Server

Eine von Citrix entwickelte Technologie, um Windows-Anwendungen im Netzverbund ausführen zu können, basiert auf Windows NT, das geringfügig verändert wurde, um den gleichzeitigen Betrieb mit mehreren Benutzern zu gestatten. Über das ICA-Protokoll werden nur die Änderungen auf einer virtuellen graphischen NT-Console über das Netz übertragen. Gegenüber dem X.11-Protokoll soll ICA dank einer Datenkompression nur ¼ der Netzbandbreite beanspruchen. Es sei hier erwähnt, daß nicht alle Softwareanbieter sich auf das ICA-Protokoll eingelassen haben und ihre eigenen Lösungen propagieren. Jedoch zeichnet sich immer mehr ab, daß sich das ICA-Protokoll durch seine vielen Anwender zu einem Standard durchsetzen wird.

Mit den Produkten Ntrigue von Fa. Insignia und WinnDD (Windows Distributed Desktop) von Tektronix wird die Möglichkeit eröffnet, Windows-Programme auch über Unix-Clients ablaufen zu lassen. Im Prinzip werden im WWW-Browser (*Client*) nur die Mausaktionen und Tastatureingaben an den Server weitergegeben, dort verarbeitet und nur die geänderten Grafikdaten an den Client (*WWW-Browser*) zurückgeliefert.

Hier als Beispiel eine Bildschirm-Hardcopy (*screenshot*) eines Ntrigue-Servers.

Beim Starten des HotJava-Browsers bekommt der Anwender die Benutzerumgebung von Windows NT Version 3.5.1 . In diesem Browser lassen sich anschließend Applikationen wie WinWord, Access, und u.a. auch das Zeichenprogramm PaintBrush direkt, ohne Geschwindigkeitseinbußen ausführen/starten, falls die Systemressourcen des Servers ausreichend sind.

Angenommen man trete mittels eines PC 386/40MHz mit dem Ntrigue in Verbindung und dieser über mehrere Pentium CPUs verfügt, arbeitet auf dem eigenen Rechner alles mit der Rechenleistung des Servers, da nur lediglich der Graphikaufbau auf der Seite des Clients (*eigener WWW-Browser*, *hier: HotJava*) vollzogen wird.

Ein weiterer Vorteil dieser Zentralisierung von Software liegt in der einfacheren Konfiguration von neuen Programmen. Diese müssen nur auf dem Server installiert und konfiguriert werden, nicht auf den einzelnen Benutzer-PCs. Ebenso sind über das Internet sämtliche Windows-Anwendungen im WWW-Browser (*Client*) ausführbar, unabhängig von der Plattform (*Betriebssystem*). Dies bedeutet, UNIX-Systeme, -Terminals als auch Net-Computer sowie Mac-Computer können auf Windows-Programme des oben beschriebenen Servers (*auf dem das entsprechende Server-Betriebssystem eingerichtet ist*) zugreifen.

8.2.3 Daten zur Server-Software

8.2.3.1 Netz-Server (PC) mit WinnDD als Server-Software

Im Lieferumfang von WinnDD gehört

1. Microsoft Windows NT-Server Version 3.5.1,

2. Lizenzen für den NT-Applikations-Server *und*

3. lokale Client-Software.

8.2.3.1.1 Merkmale des PC-Servers

- Mehrplatz-Netzbetriebssystem und Applikations-Server-Software mit dem von Microsoft lizensierten Windows-NT-Serversoftware 3.5.1, die für den gleichzeitigen und transparenten Netzzugriff mehrerer Benutzer erweitert wurde

- Unterstützung von Windows 95

- Ausschneiden, Kopieren und Einfügen zwischen PC und X-Window

- Unterstützung lokaler Diskettenlaufwerke für Workstation

- Netzentlastungsprotokoll ICA

- Vom Server aus wird an jedem Arbeitsplatz im Netz der vollständige Windows-NT-Desktop angezeigt

- Mehrere Benutzer können sich gleichzeitig anmelden und am System arbeiten

- Das Windows NT-Desktop wird auf allen zugeschalteten Monitoren gleichzeitig angezeigt

- Optionale gemeinsame Nutzung von NFS-Server- und Client Dateien

- Lokale Ressourcen können vom Arbeitsplatz im Netz aus für den gemeinsamen Zugriff auf parallele und serielle Schnittstellen, Disketten usw. auf dem Applikations-Server zugeordnet werden.

- Die Benutzer können sich vorübergehend „abschalten" (*nicht zu verwechseln mit „abmelden"*) und die Arbeitssitzungen und Anwendungen unbeaufsichtigt ausführen lassen. Sie können sich zu einem späteren Zeitpunkt wieder „zuschalten" und ihre Arbeitssitzung an der Stelle wiederaufnehmen, an der sie verlassen wurde.

Die Software von WinnDD-Server kann auf jedem Server mit einem Pentium-Prozessor installiert werden und ermöglicht den Zugang auf Ethernet-LAN's mit TCP/IP und PC-LAN's z. B. von Novell, Banyan und PP seriell. Netstations können mit TCP/IP über Ethernet- und Token-Ring-Netz mit dem Server verbunden werden. Der Server verwaltet das am Bildschirm angezeigte PC-Fenster und erhält nur komprimierte aktualisierte Bildinformationen vom Client, und zwar als Daten unter TCP/IP, was nur ¼ des Netz-Overhead von X-verursacht. Tastatur- und Mausbewegungen werden vom lokalen Client zur Verarbeitung an den Server zurückgesendet. Dadurch kann die NT-Sitzung auf dem Client in einem Fenster mit voller Windows-Funktionalität angezeigt werden.

CPU-bezogene Tasks werden mit der normalen Pentium-Prozessorgeschwindigkeit ausgeführt (*auf dem Server*). Alle Windows-Applikationen können ohne Anpassung ausgeführt werden, wodurch alle Gewährleistungs- und Unterstützungsansprüche gegenüber dem Hersteller unverändert erhalten bleiben.

8.2.3.1.2 Merkmale des Client

Der lokale Client entlastet das Netz durch Nutzung des ICA-Datenstroms anstelle des X-Datenstroms. Der ICA-Protokoll unterstützt bei stark belasteten LAN's die vierfache Anwenderzahl. Das Windows NT-Desktop wird auf Netstations angezeigt, wobei die Netstation zusätzlich die Fenster verwalten.

Das WinnDD-Fenster wird in allen WinDD-Umgebungen mit einem einzigen Befehl geöffnet und enthält die gesamte Windows NT-Oberfläche.

Die Größe des PC-Fensters kann über Menübefehle eingestellt werden und von 640x480 auf bis zu einer 1280x1024 Auflösung an jedem Netz-PC und X-Terminal angepaßt werden. Darüber hinaus bietet der WinDD-Server die Sicherheitsvorkehrungen und den Kennwortschutz, die für Mehrplatzsysteme unerläßlich sind.

8.2.3.1.3 Systemanforderungen (Hardware)

Hardwarevoraussetzung für den Server : System mit Pentium-Prozessoren, die um zusätzliche Prozessoren erweitert erden können

Peripheriegeräte : CD-ROM, 3,5-Zoll-Laufwerk

Arbeitsspeicher des Servers : 32 MB Arbeitsspeicher (Minimum). Bei mehr als vier Mitarbeitern sollte für jeden zusätzlichen Benutzer 8MB veranschlagt werden

Festplattenkapazität des Servers : 200 MB und nach obenhin je nach Anwendungsfall
Anzeigeunterstützung : Ein 4-Bit-System ermöglicht die Darstellung einer vollständigen Farbpalette mit 16,7 Millionen Farben

8.2.3.2 Netz-Server (PC) mit Ntrigue als Server-Software

Im Lieferumfang von Ntrigue gehört

1. Microsoft Windows NT-Server Version 3.5.1
2. Lizenzen für den NT-Applikations-Server und
3. lokale Client-Software

8.2.3.2.1 Eigenschaften von Ntrigue

Kompatibilität:

Applikationen von Windows 95, Windows 3.11 und Windows NT Windows NT Server und Multi-User-Erweiterungen für Windows NT von Microsoft werden vollständig unterstützt.

Eine offene Lösung:

Basiert auf den Industriestandard X-Windows-System für separate Graphikdarstellung. Läuft auf X-Terminals, UNIX-Workstations, Macintosh-Computern und PCs mit X-Display Software, benötigt aber keine eigene Eigentümer-Client-Software

System-Administration: Zentrale Administration und volle Nutzbarkeit von Windows-NT-Sicherheits- und Administrationswerkzeugen

Leistung:

Nutzt die in den meisten Firmen verwendete 3-Ebenen-Client/Server-Architektur. Lagert Graphik auf dem Client-Desktop-Rechner aus und fährt Applikationen im Native-Mode auf dem Server mit Pentium-Prozessor. Nutzt das Leistungsspektrum innerhalb des X-Windows voll aus und bietet Netzwerkbenutzern eine exzellente Performance, falls der Server gut ausgestattet ist.

Farbunterstützung:

Unterstütz Standart-PC-Graphikauflösungen (256 Farben), bietet 16 Millionen Farben (True Color) für Highend-Monitore und unterstützt auch Monochrom-Bildschirme als Kompatibilität zu vorhandenen Desktop-Rechnern.

Netzwerk:

Unterstützt TCP/IP, IPX/SPX, APPLE Talk, NetBEUI, LAN-Manager, WINS, DHCP und NFS (mit Software von Drittanbietern).

Integration:

Unterstützt die Zwischenablage zwischen Windows- und UNIX-, Macintosh- und PC-Applikationen. Ferner zeigt es auch aktive Windows- und Desktop-Rechner-Applikationen auf einem Monitor an bzw. erlaubt Ntrigue eine frei wählbare Einstellung der Fenstergröße, die auch größer sein darf wie das Ntrigue-Window.

8.2.3.2.2 Systemanforderungen (Hardware)

Hardwarevoraussetzung für den Server : Computer   mit   einem   Prozessor   laut   der
                                        Kompatibilitätsliste der Windows-NT-Server-Hardware

Arbeitsspeicher: > 64 MB (empfohlen)

Festplattenkapazität des Servers: SCSI-Festplatte, 1 GB oder größer

Peripheriegeräte: CD-ROM (SCSI) , 3,5-Zoll-Diskettenlaufwerk

Netzwerkkarte: PCI- oder EISA-Ethernet

8.2.4 Allgemeines Angebot an Server-Software für diesen Einsatzzweck

Hersteller	Produkt
Insignia	Ntrigue
Tekronix	WinnDD (Windows Distributed Desktop)
Wyse	WinFrame
NCD	Win CenterPro
usw.	

8.2.4.1 Citrix: konkretes Beispiel der Einbindung von Windows-Software in HTML

Die Fa. Citrix bietet zum Veranschaulichung dieser weitreichenden Möglichkeiten auf ihrer Homepage eine kleine Demonstration an, die in den folgenden Bildern kurz Beschrieben werden soll. Leider sind die dazu nötigen Zusatzprogramme für den Browser nur für Netscape und Internet-Explorer auf PC-Basis unter Win95/NT verfügbar.

Die URL auf die man zu dieser Seite gelangt ist aus der ersten Grafik zu entnehmen:

Zuerst wird das notwendige Programm für den WWW-Browser (*hier Netscape-Plugin*) von dieser Startseite aus heruntergeladen.

Wie das nachfolgende Download-Fenster zeigt, ist der Dateiname des selbst-extrahierenden Plug-In nur 206kB und schnell heruntergeladen

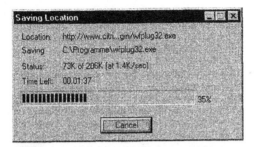

nach dessen Installation muß wie angegeben der Browser geschlossen und wieder neu gestartet werden um das neu installierte Programm zu Berücksichtigen.

Bei der neuen Anwahl der URL wird eine Warnung ausgegeben, die darauf hinweist, daß sich bei den ausgeführten Programmen Sicherheitsprobleme ergeben könnten:

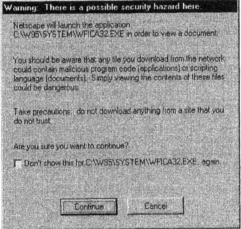

Mit dem Anklicken der Checkbox wird diese Warnung für das soeben geladene Objekt nicht mehr angezeigt. Man gibt damit eine generelle Freigabe dieses einen Objekten für immer frei.

Auf der dann angezeigten HTML-Seite von Citrix können dann verschiedene vorgegebene Windows-Programme gestartet werden. Im nachfolgenden Beispiel wurde das Zeichenprogramm **PaintBrush** gestartet.

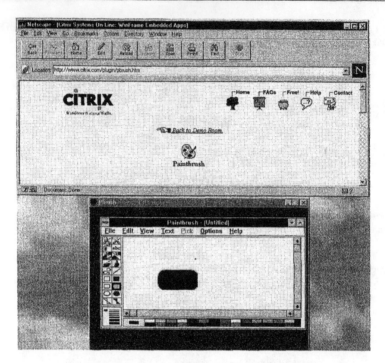

Wie oben zu sehen ist, kann mit der Maus tatsächlich in PaintBrush bedient werden über das das in HTML-Dokument verbundene Objekt. Windows-Programme können so im Web-Browser über das WWW ausgeführt und interaktiv bedient werden.

Das verwendete HTML-Tag um dieses Objekt einzubinden hat in diesem Fall die Form:

```
                pbr.shtm
01:  <HTML>
02:  <BODY>
03:   :
04:   :
05:  <object classid="clsid:238f6f83-b8b4-11cf-8771-00a024541ee3"
05:   data="/plugin/pbrush.ica" CODEBASE="/cab/wfica.cab"
07:   height=340 width=490>
08:  <param name="Start" value="Auto">
09:  <param name="Border" value="On">
10:
11:  <EMBED
12:
13:   SRC="http://www.citrix.com/plugin/pbrush.ica"
14:   PLUGINSPAGE="http://www.citrix.com/nsplugin.htm"
15:   HEIGHT=340 WIDTH=490
16:
17:   START=auto
18:
19:   BORDER=On>
20:  </EMBED>
21:
22:  </object>
23:   :
24:   :
25:  </HTML>
26:
```

8.3 Einbinden von MacroMedia-Lernsequenzen in HTML mit ShockWave

Hier zunächst ein Beispiel für eine WWW-Seite mit einer Lern-Animation von MacroMedia:

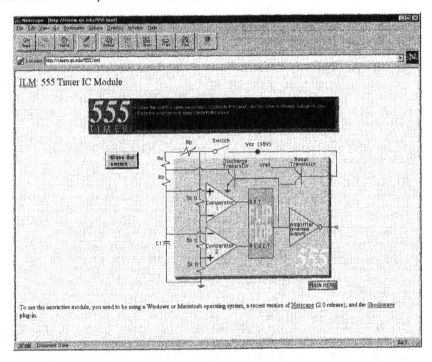

8.3.1 Integration in eine HTML-Seite

```
MacroMedia.html
<HTML>
<BODY>
   :
   :

<SCRIPT language="LiveScript">

document.write( '<embed width = 338 height = 260 src =
"MacroMediaXY.dcr">' );

</SCRIPT>

</BODY>
</HTML>
```

8.3.2 Installation des notwendigen WWW-Browser-PlugIn für Netscape

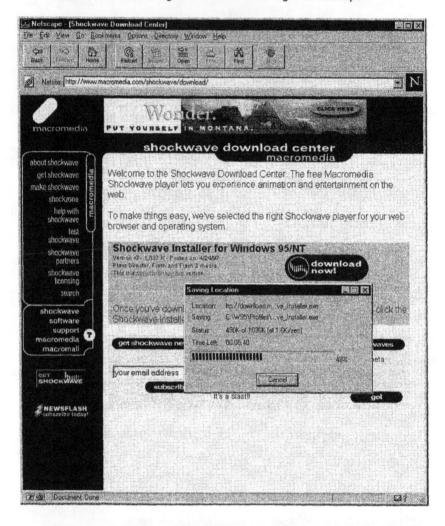

8.4 ActiveX-Controls als Alternative zu JAVA

Nach dem Erfolg von JAVA hat Microsoft eine Alternative herausgebracht, die unter dem Stichwort ActiveX zusammengefaßt ist.

8.4.1 Funktionsweise

Um ActiveX-Controls in HTML-Seiten einzubinden wird das HTML-Tag `<OBJECT>` benutzt. Zusammen mit Microsoft's Scriptsprache wird es mit der notwendigen Bedienungslogik versehen. Benötigt wird ein ActiveX-fähiger WWW-Browser (*Internet Explorer 3.0*). Erkennt ein solcher WWW-Browser innerhalb einer HTML-Seite ein `<OBJECT>`-Tag, wird mit der dort angegebenen Klassen-ID (CLSID) dazugehörige ActiveX-Control gesucht.. Ist dies bereits auf dem Rechner (*durch einen früheren Zugriff darauf*) installiert, findet der WWW-Browser die Identifikationsnummer in der lokalen Registry und lädt das Control von der Festplatte.
Für den zunächst häufig vorkommenderen Fall, daß dieses ActiveX-Control dort noch nicht installiert ist, schreibt auf der HTML-Seite der Parameter `CODEBASE` des `<OBJECT>`-Tags eine URL vor, von welcher der WWW-Browser diese Komponente nach Bestätigung durch den Benutzer (*Sicherheitsaspekt !*) herunterladen muß.
Anders als bei heruntergeladenen JAVA-Applets verbleiben diese ActiveX-Controls lokal beim Benutzer dauerhaft auf dessen Festplatte bestehen - auch nach deren Ausführung.
Zusätzlich zu den Angaben zum Control läßt sich auf der HTML-Seite auch ein in VisualBasic-Script oder JAVA-Script geschriebenes ActiveX-Skript unterbringen, durch dieses dann umfangreiche Datenübergaben (*z.B. Excel-Tabelle*) realisierbar sind.
Für die Einbindung von neuen ActiveX-Controls in eine HTML-Seite einzubinden, steht mit dem ActiveX Control Pad ein komfortables Programm zur Verfügung, mit dem z.B. die CLSID aus der Registry nicht umständlich eingetippt werden muß.

8.4.2 Unterstützung bei der Einbettung in ein HTML-Dokument

Nach dem Start des ActiveX-Control-Pad wird die HTML-Seite, die das ActiveX-Control aufnehmen soll geladen. Über das Menü wird mit Insert ActiveX Control ein aus der Liste der Registry angemeldeten Objekte auszuwählendes ActiveX-Objekt selektiert. Die Abmessungen des Controls lassen sich - ähnlich wie bei Visual Basic - per Maus definieren. Ins Property Sheet werden die persistenten Eigenschaften, wie bspw. die CodeBase (*=URL*) zum Herunterladen des ActiveX-Controls eingetragen. Wenn das Control-Fenster geschlossen wird, ergänzt das Control-Pad den für das Einbinden des ActiveX-Controls notwendigen Tag an entsprechender Stelle im HTML-Dokument.
Mit dem Script Wizard wird eine verbindende Logik angegeben, mit der über VB Script oder JAVAscript die Interaktivität mit dem ActiveX-Control festgelegt wird.

8.4.3 Unterschiede gegenüber JAVA-Applets

Der Kern des ActiveX-Paketes beinhaltet die ActiveX-Controls, die den Binärcode ausführbarer Programme enthalten. Im Gegensatz zu JAVA-Applets ist dieser Binärcode schneller ausführbar, jedoch leider auch nur auf bestimmten Rechnerplattformen. Durch den unbegrenzten Zugriff auf alle Ressourcen können diese ActiveX-Controls auch ein gewisses Sicherheitsrisiko dar.
Weitere Informationen zum ActiveX **S**oftware **D**evelopment **K**it (*SDK*) sind unter der URL `http://www.activex.com` zu bekommen

9 Konkrete Realisierung von Lernmodellen mit JAVA und HTML

Im Nachfolgenden werden einige der in Kapitel 5.2 entworfenen Lernstrategien konkret anhand eines Anwendungsfalles in JAVA umgesetzt. Diese werden nach den allgemeinen Programmrichtlinien vorgestellt und diskutiert.

9.1 Programmier-Richtlinien und Dokumentation von JAVA-Code

Um den Programmcode leichter zu verstehen und nachvollziehen bzw. auch für spätere Änderungen oder Erweiterungen leicht pflegbar zu gestalten, waren einige Konventionen unerläßlich.

9.1.1 Dokumentation der JAVA-Applets per Rückgabeparameter

Dem Benutzer können die einzelnen möglichen Übergabe-Parameter von HTML-Dokument an das Applet über eine Funktion getParameterInfo() mitgeteilt werden. Dabei werden der Variablen-(Parameter-)-Name, Variablentyp und eine kurze Beschreibung des Parameters übergeben.

Bsp.:

```
public String[][] getParameterInfo()
{
    String[][] info =
    {
        { „caption",     „string",    „Thema der aktuellen Vorführung" },
        { „imagefile",   „string",    „Basis des Dateinamens ohne Nummer" },
        { „images",      „int",       „Anzahl aller anzuzeigenden Bilder" };
    }
    return info;
}
```

9.1.2 Programmier-Richtlinien und Variablennamen-Konventionen

Um bei der Verwendung der Objekt- und Variablennamen nach deren Instantiierung/Deklaration noch deren Typ und Herkunft im Programmtext verfolgen zu können, wurden folgende Kennungen mit in deren Namen miteingebaut bzw. vorn-angestellt.

Namenskonvention	konkretes Anwendungsbeispiel
Beginn von Klassennamen mit einem *Großbuchstaben*	`public class Punkt`
Namen von Objekten beginnen mit einem Kleinbuchstaben; wenn möglich, enthält der Objektname den Namen der Klasse oder Teile davon	`Panel buttonPanel;` bzw. `Panel buttonPa;`
Die Namen von Variablen einfacher Datentypen beginnen mit einem Buchstaben, der ihren Datentyp bezeichnet. (*Die einzige Ausnahme zu dieser Regel ist die traditionelle Praxis, I und J für Schleifenindices zu verwenden.*)	`boolean bFlaf;` `Byte yFeld;` `char cZeichen;` `int nWert;` `long lWert;` `float fWert;` `double dWert;`
Datenelementen wird das Präfix **m_** vorangestellt.	`int m_nIntElement;`
Funktionsnamen beginnen mit einem **Großbuchstaben.** Ihnen wird kein Buchstabe zur Bezeichnung des Datentyps vorangestellt.	`public void EineFunktion();` `public int EineAndereFunktion();`
Namen von Objekten setzen sich häufig aus mehreren Wörtern zusammen. Abgesehen vom ersten Wort, beginnen die einzelnen Wörter jeweils mit Großbuchstaben.	`Char cEinGespräch;`
Die nach einer Kontrollstruktur folgenden Anweisungen werden immer in geschweiften Klammern gesetzt, auch wenn nur eine Anweisung folgt. Die geschweifte Klammer folgt der Kontrollstruktur. (*Dieser Einsatz von geschweiften Klammern ist in Java nicht erforderlich.*)	`if (nA > nB)` `{` `    nA = nB` `}`
Elementfunktionen werden vor Datenelementen angegeben (*dient einfach der Übersichtlichkeit und erleichtert die Suche*).	`nicht zutreffend`
(Statische) Elemente von Klassen werden vor (nicht statischen) Elementen von Objekten angegeben (dient ebenfalls einfach der Übersichtlichkeit).	`nicht zutreffend`

Dies ist besonders hilfreich bei notwendigen Typ-Umwandlungen (*Type-Casts*) und für die Durchsicht des JAVA-Quellcodes auf Fehler.

Diese Konvention ist weitestgehend von der sog. „ungarischen Namenskonvention" übernommen, die bei Microsoft Visual C++ angewendet und ansonsten auch durchaus üblich ist.

9.1.3 Verwendung unterschiedlicher JAVA-Kommentare zur Dokumentation

In JAVA sind 3 Arten von Kommentaren definiert. Am gebräuchlichsten sind Kommentare im Stil von C++, die durch **zwei Schrägstriche (doppel-slash)** // eingeleitet werden. Bei der Verwendung dieses Art des Kommentarstils, wird ab der Position der zwei direkt-aufeinanderfolgenden Schrägstriche der Rest der Zeile in Kommentar gesetzt. Der Kommentar endet am Zeilenende. Einzelne Zeilen, die mit diesem Kommentaren versehen sind können jedoch mit einem **Block-Kommentar** weiterhin ausgeblendet werden, was bei der Entwicklung von Programmen ein sehr wichtiges Hilfsmittel darstellt

Bsp.:

```
/*
  add.buttonPanel( new Label („Vorführung" ) ); // hinzufügen eines Hinweis-Textes
  Choice TypAuswahlChoice = new Choice(); // Auswahlbox instantiieren und referenzieren
  TypAuswahlChoice.addItem( „automatisch" ); // 1.Listenelement zur Auswahl aufnehmen
  TypAuswahlChoice.addItem( „manuell" ); // 2.Listenelement aufnehmen
*/
```

Der dritte und JAVA-spezifische Kommentartyp, dient nur der Dokumentation der einzelnen Klassen. Die Form ist **/****
Diese Art von Kommentaren kann mit Programmen zur automatischen Dokumentengenerierung extrahiert werden. Sie dienen zur Beschreibung der variable, Klasse oder Methode/Funktion, die unmittelbar auf die Kommentareinleitung mit **/**** folgt.

Bsp.:

```
/** sensitiver Bereich in x, y, w, h
int  nXsens, nYsens, nWsens, nWsens;
```

Mit der Markierung @
Bsp.:
```
/*
 * %W% %E%
 */

/**
 * @author Thomas Petersen
 * @version %I%, %G%
 */
```

Mit der Funktion `getAppletInfo()` können vom Programmierer des Applets allgemeine Informationen zum Applet zurückgegeben werden.

Bsp.:

```
public String getAppletInfo()
{
    return „Klassen und Dateiname: „ + classname + „Hinweis:" + appletinfo;
}
```

9.2 Vorraussetzungen

9.2.1 AUDIO-Dateiformat für JAVA

Um Audio-Dateien (*Sprache/Musik-Dateien*) von einem JAVA-Applet aus abspielen zu können, muß deren Wiedergabeformat folgende Einstellungen aufweisen.

	Wert für JAVA	
Kanäle	1	
Frequenzbereich	8.000kHz	
Kodierung	µ-law	

9.2.1.1 Aufnahme von AUDIO-Formaten

Auf den Unix-Workstations von Silicon Graphics lassen sich mit der umfangreichen Sammlung von Media-Tools mit dem SoundEditor Sprache aufzeichnen, als auch bestehende Files oder direkt getätigte Aufnahmen bearbeitet werden können.

Das Programm ist vom Desktop aus, aus dem Menü Find Icon startbar.

Nach Anklicken des ICON soundeditor öffnet sich das Programmfenster ...

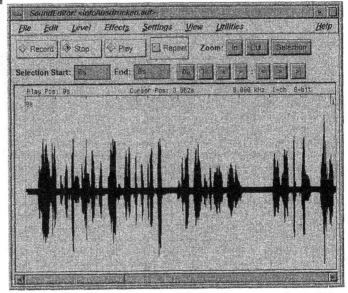

9.2.1.2 Konvertierung von AUDIO-Formaten

Aus dem „Media-Tools"-Fenster von der Unix-Workstation Silicon Graphics (SGI) aufgerufenes Programm Soundfiler ist es möglich, eine Datei in irgendeinem AUDIO-Format dieser Datei zu konvertieren, in das einzigste von JAVA unterstützte AUDIO-Format (*AUDIO-Format von SUN*) Das Desktop-Software von SGI-Rechnern ist sehr gut ausgestattet mit Media-Tools zur AUDIO und Bildbearbeitung.

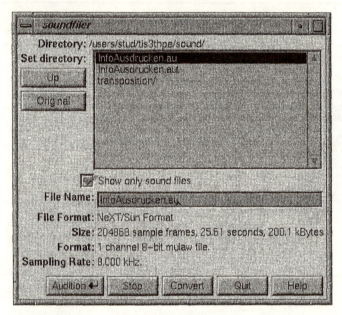

9.3 Einbindung bestehenden oder speziellen C++-codes über native-Schema

Ist bereits Software in C++ erstellt worden, die in JAVA nicht noch einmal codiert werden soll, oder sind spezielle hardware-nahe Programmierung notwendig , z.B. zur Steuerung eines Gerätes, die in JAVA nicht realisiert werden kann, so muß auf diese Art in C-geschriebener Code in einem Applet nutzbar gemacht werden.

9.3.1 Vorbemerkung:

JAVA-Applets werden über ein Netzwerk von Servern (*Intranet/Internet*) von einem Server geladen. Über diese verschiedenen Stationen, kann die Herkunft nicht immer eindeutig verifiziert werden, ob das Applet mit Viren infiziert worden ist.

Aus diesem Grund haben bereits die Entwickler von JAVA eine Sicherung geschaffen, die bei der Verwendung von native-Methoden unter der neuesten Version des Netscape Browsers (*Netscape Communicator 4*) hinderlich ist.

Es geht dabei um eine Verifikationsroutine, in der die Java Virtual Machine überprüft, ob der übertragene JAVA-Bytecode auf der Route vom Server zum Client modifiziert wurde, bzw. ob vordefinierte Sprachkonstrukte verletzt werden. Dieses Verifikationsverfahren soll gewährleisten, daß der Code keine Daten fälscht, oder auf gesperrte Speicherbereiche bzw. Objekte zugreift, die nicht vereinbart sind. Weiterhin sorgt diese Überprüfung ebenfalls bei Methodenaufrufen für die korrekte Anzahl und den richtigen Typ von Argumenten und verhindert einen Stack-Overflow.

Die nachfolgende Grafik verdeutlicht die Überprüfung des vom Netz geladenen Byte-Codes.

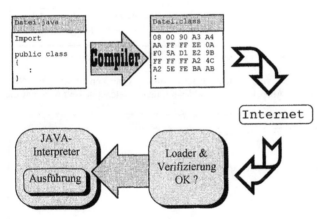

Der Bytecode wird zunächst auf mögliche Schutzverletzungen hin geprüft, bevor dieser auf dem lokalen Rechner ausgeführt wird. Da der Zugriff auf Methoden und Variablen innerhalb von JAVA nur über Namen und nicht wie bei kompilierten (*Assembler-Code*) Programmen sonst üblich, über Speicher-Adressen erfolgt, kann leicht festgestellt werden, welche Methoden und Funktionen tatsächlich benutzt werden.

Da im JAVA-Bytecode zusätzliche Informationen über Typen enthalten sind, die der Überprüfung der Zulässigkeit des Programms dienen, ist auf diese Weise sichergestellt, daß der JAVA-Bytecode nicht unbefugt manipuliert werden kann.
Der neue WWW-Browser von Netscape (*Netscape Communicator 4*) hat hier allerdings neue Sicherheitsmechanismen eingeführt, die noch mangelhaft dokumentiert sind. Durch diese Eigeninitiative von Netscape (*wie sie auch bei dem neuen Internet-Explorer 4 von Microsoft anzutreffen ist*), können nicht alle schon vorhandenen JAVA-Applets die native-Methoden beherbergen ohne weiteres ausgeführt werden. So löst ein JAVA-Applet, daß bspw. von der lokalen Festplatte des Client eine GIF-Datei nur lesen möchte, eine Security-Verletzung aus. Hierfür ist der von Netscape eingeführte **PrivilegeManager** zuständig, der drei Sicherheitsebenen unterscheidet:HEIGH RISK, MEDIUM RISK und LOW RISK.
Je nach Anwendungsfall (notwendiger Zugriffsart) muß im JAVA-Code diesem **PrivilegeManager** ein Schlüsselwort übergeben werden, um diese Schutzverletzung zu vermeiden.
Hier einige Beispiele zu den Schlüsselwörtern und deren Freigabe

Schlüsselwort	Sicherheitsebene	Freigabe um ...
„UniversalLinkAccess"	HEIGH	Native-Codes (C-Funktionen) zu benutzen, die lokal auf dem Client in einer *.DLL-Datei vorliegen
„UniversalFileDelete"	HEIGH	Dateien auf der Festplatte des Clients löschen zu können
„UniversalFileRead"	HEIGHT	Dateien von der Festplatte des Clients zum Schreiben öffnen zu dürfen
„UniversalFileAccess"	HIGH	Dateien auf der Seite des Clients für jede Art von Datei-Zugriff (lesen, schreiben, löschen) freizuschalten

alle Schlüsselwörter sind unter der URL: http://developer.netscape.com einzusehen

z.B. das Laden eines Bildes vom Client-Rechner zum Verstecken einer Text-Nachricht (*Steganographie*) und erneuten Abspeichern des Bildes mit dem versteckten Text wäre nur möglich mit ...

```
lokalesGIFladen.java
import netscape.security.PrivilegeManager;
import java.awt.*;
import java.applet.*;

public class lokalesGIFladen extends Applet
{
  static
  {
    try
    {
      System.out.println( „Freigabe zum Bild laden" );
      PriviledeManager.enablePrivilege( „UniversalConnect" );
      imageButton.setImageURL( new java.net.URL(
                                  „file:/C:/Stegano/Bild.gif"));
    }
    catch( java.net.MalformedURLException error )
    {
      System.out.println( „Fehler beim Laden des Bildes" + error );
    }
  }
}
```

Bei dieser Art der Programmierung geht allerdings durch den Einsatz von DLLs für den native-Code die Plattformunabhängigkeit verloren. Die generierte DLL muß an den jeweiligen Web-Browser angepaßt werden.

Ferner muß bei der Verwendung von native-Code eine WWW-Browser-spezifische `*.LIB`-Datei erstellt werden, die bei Netscape nicht mitgeliefert wird.

Die Vorgehensweise der Erstellung dieser `*.LIB`-Datei für WWW-Browser Netscape 3.01 Gold wird im folgenden schrittweise beschrieben:

1. In der Systemsteuerung den Pfad für das Verzeichnis MSDEV\BIN setzen
2. Wechseln in das Unterverzeichnis, in der sich die von Netscape 3.01 nach dem entpacken/installieren abgelegte Datei jrt32301.dll befindet.
3. Erzeugen einer ASCII-Textdatei aus dieser DLL (*jrt32301.dll*) mit dem MS-DOS-Befehl von MS Visual C++ (*Version 4.0*)
   dumpbin /EXPORTS jrt32301.dll >jrt32301.txt
4. Bearbeiten der erzeugten Textdatei in die Form einer `*.DEF`-Datei (*siehe unten in der Grafik*)
5. Abspeichern der editierten Textdatei jrt32301.**txt** nach jrt32301.**def**
6. Erzeugen der `*.LIB`-Datei für den WWW-Browser aus der editierten `*.DEF`-Datei mit dem Kommandozeilen-Befehl von Visual C++
   lib /DEF:jrt32301.def

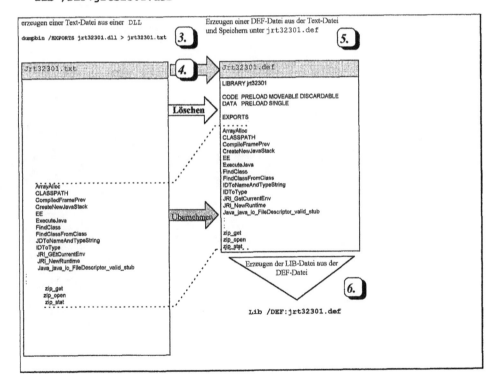

Version	Mitgelieferte DLL	zu Erstellen ....
Netscape 3.0	jrt3230.dll	jrt3230.lib
Netscape 3.01 Gold	jrt32301.dll	jrt32301.lib
Netscape Communicator 4	jrt3240.dll	jrt3240.lib *(bzw die von JDK 1.1.1 mitgelieferte* *javai.lib* *javai_g.lib)*

Das Java Native Interface (*JNI*) wurde von der Version 1.02 zur Version 1.1 komplett umgeschrieben. Die unter Version 1.02 erstellten Applets werden allerdings noch weiterhin unterstützt. Die Version 1.1 ist nicht kompatibel zu der Version von Symantec's Visual Café 1.0d. Somit muß auf Tools wie z.B. `javah` von **JDK 1.1.1** zurückgegriffen werden.

In der Systemsteuerung ist der Pfad `path=C:\JDK1.1.1\Bin` gegen den bisherigen Pfad `C:\VisualCafe\Bin` zu ersetzen. Ebenso muß die Environment-Variable `CLASSPATH` zusätzlich auf das Verzeichnis mit dem JAVA-Bytecode (kompilierte Klassendateien) gerichtet werden mit `CLASSPATH=C:\DEMO;%CLASSPATH%`

9.3.2 Erzeugung einer DLL

um Native Code benutzen zu können sind folgende Schritte notwendig:

9.3.2.1 Erstellung des JAVA-Quellcodes & Deklaration der Native-Methoden

```
01: public class PDVlab5 extends Frame
02: {
03:    public String ProgrammName = „";
04:    public String MenuKommando = „";
05:    public int var;
06:
07:    public native int PDVlab5_Daten( String STR_ProgrammName,
08:                                     String STR_MenuKommando );
09:    :
10:    :
11: }
```

9.3.2.2 Übersetzen des JAVA-Quellcodes

```
javac PDVlab5
```

9.3.2.3 Erzeugen der Header-Datei aus der JAVA-Klasse, die der Native Code deklariert hat

```
javah -jni PDVlab5
```

9.3.2.4 Schreiben der C-Funktion in Visual C++ 4.1

der Syntax der Native-Methode dazu ist aus der Header-Datei ersichtlich
hier: PDVlab5.h :
```
JNIEXPORT jint JNICALL Java_PDVlab5_PDVlab5_Daten
( JNIEnv *env, jobject obj, jstring ProgrammName, jstring
MenuKommando )
```
siehe dazu gelbe Markierung im Bild auf der nächsten Seite

9.3.2.5 Erzeugen der dynamisch ladbaren DLL unter Visual C++

Zuerst wird ein neues Projekt vom Typ „dynamic link library" mit dem Namen der in der Java-Code angegebenen DLL angelegt; hier: FESTO.DLL

Die zuvor erzeugte Header-Datei, die Browser-spezifische LIB-Datei

(für Netscape Communicator 4 die `javai.lib` des JDK 1.1.1)

werden zusammen mit den Native C-Funktionen in das Visual-C++ -Projekt miteingebunden.

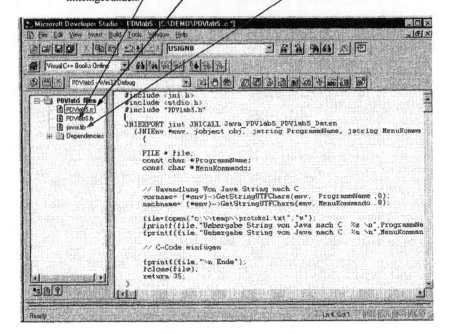

9.3.2.6 Starten des JAVA-Applets

Die erstellte DLL (*hier: FESTO.DLL*)muß für die Verwendung mit dem *Netscape Communicator 4* in das Verzeichnis

`C:\Programme\Netscape\Communicator\Program\Java\Bin` kopiert werden, von dem aus per *Netscape Communicator* auf das Applet zugegriffen werden soll

9.3.2.7 Erzeugung der *.LIB-Datei, wie bereits erwähnt

Weiterführende Informationen hierzu unter der URL:
`http://java.sun.com/nav/read/Tutorial/native1.1/stepbystep/index.html`

9.3.3 Funktionen und Pointer im Java Native Interface (JNI)

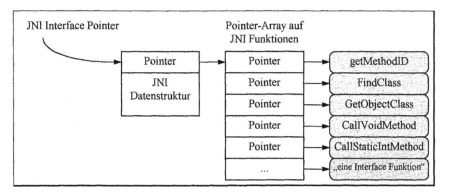

Die obere Abbildung zeigt den generellen Aufbau des JNI-Interfaces ab JDK-Version 1.1, die gegenüber der Vorgänger-Version 1.02 vollständig geändert hat.
Der Zugriff auf die vom Java Native Interface zur Verfügung gestellten Interface-Funktionen erfolgt mit dem sogenannten *JNI-Environment-Pointer* mit dem Aufbau

```
(*env)->GetObjectClass( env, obj );
```

Dieser Pointer wird jeder Native-Methode standardmäßig übergeben.

Die Native-Code-Signatur nach JDK-Version *1.02*:

```
01: int PDVlab5_PDVlab5_Daten
02: (struct Hfahrzeug *this,
03:  struct Hjava_lang_String * ProgrammName,
04:  struct Hjava_lang_String * MenuKommando )
05: {
06:    // C-Code ....
07: }
```

Die Native-Code-Signatur nach JDK-Version *1.1*:

```
01: JNIEXPORT jint JNICALL Java_PDVlab5_PDVlab5_Daten
02: (JNIEnv *env,
03:  jobject obj,
04:  jstring ProgrammName,
05:  jstring MenuKommando )
06: {
07:    // C-Code ....
08: }
```

Es haben sich zu der neuen Version des JDK nicht nur die Datentypen **Hjava_lang_String** auf **jstring** geändert. Neu hinzugekommen ist auch der Übergabeparameter (**JNIEnv *env**). Über diesen Parameter kann auf mehr als 50 Zusatzfunktionen des JNI-Interfaces zugegriffen werden.

Ein Teil der Zusatz-Funktionen sind ...

Zugriff	Name
Objekt-Operationen	GetObjectID, GetObjectClass, NewObject, ..
statische Felder beeinflussen	GetStaticField, GetStaticFieldID, SetStaticField, ...
Aufrufe InstanzMethoden	CallFloatMethodID, ...
Aufrufe von stat. Methoden	CallStaticFloatMethod, ...
Monitor-Operationen	MonitorExit, MonitorEnter, ...
Array-Operationen	NewObjectArray, GetObjectArrayElement, ...
String-Operationen	GetStringChars, ...
⋮	⋮

9.3.4 Aufbau der JNI-Methoden-Syntax

Die nachfolgende Grafik verdeutlicht die Verwendung der Methoden-Syntax der in C/C++ zu schreibenden Funktion.

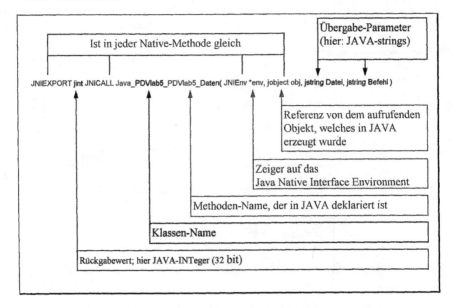

Dieser JNI-Syntax kann aus der mit **javah -jni PDVlab5** erzeugten Header-Datei entnommen werden.

9.3.5 Bsp. Einer solchen JNI-Header-Datei:

```
PDVlab5.h
01:  /* DO NOT EDIT THIS FILE - it is machine generated */
02:  #include <jni.h>
03:  /* Header for class PDVlab5 */
04:
05:  #ifndef _Included_PDVlab5
06:  #define _Included_PDVlab5
07:  #ifdef __cplusplus
08:  extern „C" {
09:  #endif
10:  /*
11:   * Class:     PDVlab5
12:   * Method:    PDVlab5_Daten
13:   * Signature: (Ljava/lang/String;Ljava/lang/String;)I
14:   */
15:  JNIEXPORT jint JNICALL Java_PDVlab5_PDVlab5_Daten
16:    (JNIEnv *,jobject,jstring,jstring);
17:
18:  #ifdef __cplusplus
19:  }
20:  #endif
21:  #endif
```

Erläuterung zu der erstellten JNI-Header-Datei

11:	JAVA-Klassenname
12:	JAVA-Methodenname
13:	Innerhalb der **Klammer**: Übergabe-Parameter
	Außerhalb der **Klammer**: Rückgabe-Parameter

15:	Definition der in C/C++ zu implementierenden Funktion
16:	

9.3.6 Die JNI-Datentyp-Signatur

Zwischen JAVA und Native Code treten unterschiedliche Datenformate auf, weshalb im JNI-Interface entsprechende Datentypen eingeführt worden sind, um das Handling zwischen JAVA-Datentypen und NativeCode-Datentypen zu vereinfachen. Es ist notwendig bei der Datenübergabe (Parameter-Übergabe) von NativeCode an das Applet, als auch die Übernahme von Rückgabe-Werten aus dem JAVA-Applet in den NativeCode. Auf diese Weise können vom NativeCode aus JAVA-Objekte erzeugt werden.

Die folgende Tabelle gibt die Zusammenhänge der Datentypen wieder.

JAVA-Datentyp	NativeCode-Datentyp	Größe in bits
boolean	jboolean	8, unsigned
byte	jbyte	8
char	jchar	16 unsigned
short	jshort	16
int	jint	32
long	jlong	64
float	jfloat	32
double	jdouble	64
void	void	keine

9.3.7 Die JNI-Methoden-Signatur

Diese Signatur gibt Auskunft über die Art und Anzahl der Übergabe-Parameter bzw. des Rückgabewertes der Methode an den NativeCode. Jede JAVA-Methode ist gekennzeichnet durch ihren Methodennamen und ihre individuelle Signatur, um sie vom NativeCode her aufrufen bzw. ausführen zu können.

Bsp.: `long Methode( int i, String s, float [] feld )`

Signatur	
(Übergabeparameter)Rückgabewert	`(ILjava/lang/String;[F)J`

Signatur	JAVA-Typ
Z	boolean
B	byte
C	char
D	double
F	float
I	int
J	long
Lklassenpfad;	klassenpfad z.B. String ⇒ Ljava/lang/String
S	short
[type	type []
(Übergabetyp)Rückgabetyp	Methodentyp

9.3.8 Anwendungsbeispiel: Übergabe von Zeichenketten und Zugriff auf JAVA-Variable

Von einem JAVA-Applet wird eine NativeMethode aufgerufen mit folgenden Ausführungen:

1. Übergabe von 2 Zeichenketten an die NativeMethode in C
   Umwandlung der JAVAstrings nach C
2. Protokollieren der veränderten variablen durch die einzigste Möglichkeit, diese in eine Datei zu schreiben
3. Lesen einer JAVA-Variablen (int var=10) und Protokollieren des gelesenen Wertes in der Datei
4. Setzen (verändern) einer JAVA-Variable (var) im NativeCode von C und anschließendem erneuten Lesen der zuvor gesetzten Variablen sowie der Protokollierung
5. Rückgabewert aus DLL = 35

```
Zugriff.c
01: #include <jni.h>        // Java Native Interface Header-File
02: #include <stdio.h>      // Standard Input Output Header-File
03: #include <FESTO.H>      // eigens generiertes Header-File aus PDVlab5.class
04:
05: // Native Methode, die aus JAVA aufgerufen wird
05:
07: JNIEXPORT jint JNICALL Java_PDVlab5_PDVlab5_Daten
08: (JNIEnv *env, jobject obj, jstring Datei, jstring Befehl )
09: {
10:     FILE        *ProtokollDatei;
11:     const char *Datei, *Befehl;
12:     int         i;
13:
14:     jclass      cb;    // speziell in JNI 1.1 eingeführte Datentypen
15:     jmethodID   mid;   // siehe Tabelle mit Datentyp-Signatur
16:     jfieldID    fid;
17:     jstring     jstr;
18:     jint        Cvar;
19:
20:     // Umwandlung von JAVA-string nach C-string
21:     Datei  = (*env)->GetStringUTFChars( env, ProgrammName, 0 );
22:     Befehl = (*env)->GetStringUTFChars( env, MenuKommando, 0 );
23:
24:     // wg fehlender Ausgabe-Möglichkeiten auf den Bildschirm ...
25:     // ... wird alles in einer Datei mitprotokolliert
26:     ProtokollDatei = fopen( „c:\\temp\\Beispiel.txt", „w" );
27:     fprintf( ProtokollDatei,
28:         „Uebergabe String von JAVA nach native C: %s\n", Datei );
29:     fprintf( ProtokollDatei,
30:         „Uebergabe String von JAVA nach native C: %s\n", Befehl );
31:
32:     // direkter Aufruf der Variablen „var" von C aus
33:     cb =(*env)->GetObjectClass( env, obj ); // Klasse der „Jvar" holen (PDVlab5)
34:     fid=(*env)->GetFieldID( env, cb, „Jvar", „I" ); // ID der „Jvar" holen (int)
35:                                             // mit Methodensignatur
36:     Cvar = (*env)->GetIntField( env, obj, fid); // Wert von Jvar holen
37:     fprintf( ProtokollDatei, „Wert der ausgelesenen Jvar in C: %d\n", Cvar );
38:
39:     // Verändern der Jvar hier von native-C aus
40:     (*env)->SetIntField( env, obj, fid, 200 ) // setze JAVAvar := 200
41:     Cvar = (*env)->GetIntField(env,obj,fid); // neuer Wert von Jvar holen
42:                                             // (sollte jetzt 200 sein)
43:     fprintf( ProtokollDatei, „neuer Wert von Jvar in C: %d\n", Cvar );
44:     fprintf( ProtokollDatei, „\nEnde der Aufzeichnung\f" );
45:     fclose( ProtokollDatei );
46:     return 35;
47:
48: } // end of JNIEXPORT
```

9.3.9 Aufruf von JAVA-Methoden aus C NativeCode (von der DLL aus)

```
// Aufruf einer Instanz-Methode: public void PDVlab5BefehlAbsetzen( String Befehl )

cb   = (*env)->GetObjectClass( env, obj );                                      // 1.
Mid  = (*env)->GetMethodID( env, cb, „PDVlab5BefehlAbsetzen", „(Ljava/lang/String;)V");  // 2.
Jstr = (*env)->NewStringUTF( env, „AutomatikBetrieb" );                         // 3.
(*env)->CallVoidMethod( env, obj, mid, jstr );                                  // 4.
```

Zeile	Aufruf der JNI-Funktion ...	Ergebnis
// 1.	... GetObjectClass env: Objekt obj: Objekt	liefert als Rückgabewert die dazugehörige Klasse
// 2.	... GetMethodID env: Objekt cb: Objekt name: Objekt sig: Objekt	liefert als Rückgabewert= 0 falls die Methode nicht existiert, ansonsten eine eindeutige ID-Nummer
// 3.	... GetObjectClass env: Objekt unicodeChar: Objekt len: Objekt	JAVA-string neu setzen mit „AutomatikBetrieb"
// 4.	... GetObjectClass env obj mid jstr	Aufruf einer JAVA-Methode, die mit VOID keinen Rückgabewert zurückgibt und als Übergabeparameter einen JAVA-string übergibt

9.4 Allgemein verwendbar: Vorführ-Applet mit Sprachsequenzen

Hier wurde ein Lern-Applet nach dem Konzept aus Kapitel 5.2.1 umgesetzt.
Innerhalb des HTML-Dokumentes wird (für das eventuelle Ausdrucken des Manuskriptes) eine
Default-Grafik angezeigt. Wird auf diese Grafik geklickt, so wird in einem neuen Browser-Fenster
das Applet gestartet.
Hinweis: *Wenn das Browser-Fenster mit dem Applet wieder geschlossen werden soll nicht auf* Exit
sondern auf Close gehen.

Als Bsp.: Vorführ-Applet mit/für Erklärung der Transposition (Kryptographie)

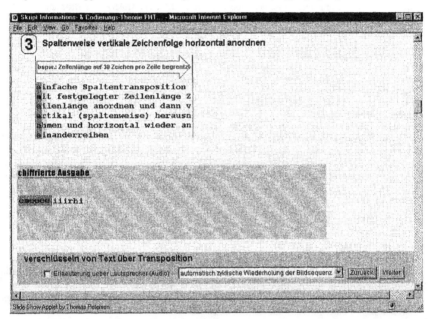

Dieses Applet kann mit verschiedenen Parametern aufgerufen werden, um verschiedene
Bildsequenzen und Audio-Sequenzen ablaufen zu lassen.

Bedienung durch den Lernenden:
Nach dem anklicken des Default-Bildes innerhalb des Manuskriptes wird vom WWW-Browser ein neues Fenster geöffnet, in dem sich nur das Applet befindet (*siehe Bild oben*)
In diesem Zustand ist das Applet wie im Bild oben eingestellt:

- Audio-Sequenzen werden ausgegeben
- Die Bilder werden vorgeführt, d.h. nach einer bestimmten Zeit erscheint die nächste Bild-Sequenz und die nächste AUDIO-Sequenz wird abgespielt.
- Mit den Buttons **Zurück** und **Weiter** kann der Benutzer sogar im Automatik-Betrieb weiter bzw. noch einmal zurückblättern.

Die Sprachwiedergabe (AUDIO) kann ebenso wie die zyklische automatische Vorführung abgeschaltet werden. Der Benutzer muß dann über die Schaltflächen **Weiter** und **Zurück** selbst weitergehen.
Das Applet kann unter der URL
`http://www.ti.fht-esslingen.de/~tis3thpe/Diplomarbeit/Kryptographie/Transpo.html`
außerhalb des Manuskriptes *wie oben im Bild dargestellt* aufgerufen werden:

9.5 Spezielles Simulations-Applet: mean turnaroundtime

9.5.1 Visualisiertes Thema

Hierbei handelt es sich um eine grafische Darstellung von aufeinanderfolgenden unterschiedlich-lang dauernden Batch-Prozessen. Wenn von einer Prozessbearbeitungszeit von x msec ausgegangen wird, in der Scheduler einem Batch-Prozess die CPU zu dessen (teilweisen) Abarbeitung zugeteilt wird, so muß der Dispatcher (Prozessumschalter) weniger oft aktiv werden und die Batch-Prozesse umschalten, wenn die kürzeren Batch-Jobs vorrangig behandelt werden. (*Schlagwort: shortest job first*) Diesen Sachverhalt soll das Applet verdeutlichen, indem der Benutzer mit der Maus die Bearbeitungszeiten verändern kann und an der Formel die entsprechenden Werte angezeigt und das Ergebnis (*mittlere Zugriffszeit*) berechnet wird.

9.5.2 Entwurfskonzept

Bei der Erstellung dieses ersten einfachen Applets ging es um die Dimensionierung, d.h. die Größe der im Applet angezeigten textuellen und grafischen Elemente: Je nachdem mit welchen Ausdehnungs-Angaben das Applet im HTML-Dokument aufgerufen wird, um so proportional größer bzw. kleiner fällt z.B. die Schriftstärke aus.
Der Grund: Bei Verwendung des Applets während des Unterrichts muß die Schriftstärke und die angezeigte Grafik beim Projizieren per Overhead-Projektor, entsprechend besser zu erkennen sein. Es ist möglich dieses vor Ort im vorgesehenen Hörsaal/Unterrichtsraum größenmäßig zu variieren und entsprechend anzupassen. Für die Verwendung des Applets zur privaten Vor- und Nachbearbeitung der Studenten am Bildschirm ist dies nicht erforderlich. Im Gegenteil: Dort kommt es zusätzlich auf einen erklärenden Text an, der ebenfalls ober- oder unterhalb des Applets (*im HTML-Dokument von wo aus das Applet aufgerufen und eingebaut wird*) sichtbar sein muß. Dieser zusätzliche Text ist bei der Vorführung und Diskussion mit dem Dozenten nicht erforderlich, da dieser jederzeit gefragt werden kann bzw. die Bedienung der Animation vom Dozenten vorgeführt wird, was bei der selbständigen Beschäftigung mit dem Applet nicht der Fall ist.

9.5.2.1 Realisierung von variabler Größe beim Applet

Nach dem Aufruf des Applets vom HTML-Dokument mit den Parametern width und height aus, wird dem Applet dessen Größe zugeordnet.

Relative Größe des Applets im HTML-Dokument festlegbar

Zeile	allgemeiner Aufbau des HTML-Dokumentes zum Aufruf des Applets (mit DEFAULT-GIF)

```
01:   <HTML>
02:      <HEAD>
03:         <TITLE>
04:            dieser hier eingegebene Text erscheint im oberen Fensterrahmen des WWWbrowsers
05:         </TITLE>
06:      </HEAD>
07:
08:      <BODY>
09:
10:         <APPLET   CODE="MeanTurnAroundTime.class"
11:            ALIGN=middle WIDTH=   HEIGHT=    >
12:
13:            <PARAM NAME="Titel" VALUE="Start-Zeiten dieser 4 Prozesse in msec" >
14:
15:
16:            <IMG SRC="MTATdefault.gif"
17:               ALT="defaultGIF-Bild nicht gefunden/geladen">
18:
19:
20:            <FONT SIZE=-1>
21:               <BR>[kein interaktives JAVA-Simulations-Applet ausführbar,
22:                  da Ihr WWW-Browser JAVA nicht interpretiert !]
23:            </FONT>
24:         </APPLET>
25:      </BODY>
   </HTML>
```

Hinweis: Die Zeilennummern sind nicht Bestandteil des HTML-Dokumentes !

Mit der Auswertung der Applet-Größe über die JAVA-Methode size(); kann das Applet seine und diese vom HTML-Dokument vorgegebene Größe ermitteln. Anhand dieser Ausmaße des Applets werden die einzelnen grafischen Bestandteile des *Applets (Balken, Schriftgröße)* entsprechend größer oder kleiner dimensioniert, wie nachfolgender JAVA-Codeausschnitt dieses Applets zeigt:

```
     MeanTurnAroundTime.java
01:  import ....
02:
03:  public class MeanTurnAroundTime extends Applet
04:  {
05:     Dimension AppletDimension;  // zur Ermittlung der eingestellten Applet-Groesse
05:     int  nTITLE_fontSize;     // Schriftgroesse der Uberschriftszeile im Applet (TITEL)
07:     int  nTITLE_x_position;   // Position der Ueberschriftszeile innerhalb des Applets
08:     int  nTITLE_y_position;
09:
10:     int  nBAR_x_begin;         // Prozess-Zeit-Balken
11:     int  nBAR_y_begin;
12:     int  nBAR_thickness;      // Breite (Dicke) des Balkens
13:
14:     // Zaehler-Term auf dem Bruchstrich der Berechnungsformel
15:     int  nZAEHLER_fontSize;   // Schriftgroesse des Zaehlerpolynoms
16:     int  nZAEHLER_x_begin;
17:     int  nZAEHLER_y_begin;
18:
19:     int  nBRUCHSTRICH_x_begin;
20:     int  nBRUCHSTRICH_y_begin;
21:
22:     int  nNENNER_fontSize;
23:     int  nNENNER_x_begin;
24:     int  nNENNER_y_begin;
25:
26:     int  nRESULT_fontSize;
27:     int  nRESULT_x_begin;
28:     int  nRESULT_y_begin;
29:
30:     int  nMindAbstand = 5;
31:
32:     public void init()
33:     {
34:        AppletDimension = size();  // Feststellung der Applet-Groesse
35:        /** Schriftgroessen im Applet */
36:        nTITLE_fontSize   = ( AppletDimension.height / 6 );
37:        nZAEHLER_fontSize = ( AppletDimension.height / 15 );
38:        nNENNER_fontSize  = nZAEHLER_fontSize;
39:        nRESULT_fontSize  = nZAEHLER_fontSize;
40:
41:        /** Balken der einzelnen 4 Prozesslaengen */
42:        nBAR_x_begin    = 20;   // konstanter Abstand zum linken Rand
43:        nBAR_y_begin    = ( 2 * AppletHEIGHThtmlPARAM / 3 );
44:        nBAR_thickness = AppletHEIGHThtmlPARAM / 10;
45:
46:        /** Zaehler der Berechnungsformel fuer die mittlere Zugriffszeit */
47:        nZAEHLER_x_begin = nBAR_x_begin;
48:        nZAEHLER_y_begin = 8 * AppletHEIGHThtmlPARAM / 9;
49:
50:        /** Koordinaten des Bruchstriches */
51:        nBRUCHSTRICH_x_begin = nZAEHLER_x_begin;
52:        nBRUCHSTRICH_y_begin = nZAEHLER_y_begin + nMindAbstand;
53:
54:        /** Nenner der Berechnungsformel */
55:        nNENNER_x_begin = AppletWIDHThtmlPARAM / 4;
56:        nNENNER_y_begin = nBRUCHSTRICH_y_begin + nMindAbstand + nNENNER_fontSize;
57:        :
58:        :
59:        /** Den vom im HTML-Dokument uebergebenen TITEL-Parameter uebernehmen */
60:        sTITLE = getParameter( getDocumentBase(), "TITEL" );
61:
62:     } // end of METHOD init()
63:        :
64:        :
65:     public void paint( Graphics g )
66:     {
67:        :
68:        :
69:        g.setColor    ( Color.magenta );
70:        g.drawString ( sTITLE, nTITLE_x_position, nTITLE_y_position );
71:        :
72:        :
73:     } // end of METHOD paint()
74:
75:  } // end of CLASS MeanTurnAroundTime
76:
77:  // end of MeanTurnAroundTime.java
```

Neben den proportionalen Zusammenhängen und Größenverhältnisse der Anzeige-Elemente innerhalb des Applets, sind im oberen Applet auch die Übernahme von Parametern aus dem HTML-Dokument (*Zeile 68:*)an das Applet angedeutet. Hier wird z.B. die Überschrift die im Applet erscheinen soll, im HTML-Dokument vorgegeben.

In Zeile 81 ist die Ausgabe aller Bestandteile des 1-Panel-Applets anhand der Zeilenausgabe der TITEL-Zeile exemplarisch angedeutet.

9.5.2.1.1 Verwendung in der Vorlesung

Als Parameter WIDTH und HEIGHT werden große Werte übergeben.

```
MTATvorlesungGROSS.html
01:  <HTML>
 :    :
 :    :
08:   <BODY>
09:    <APPLET  CODE="MeanTurnAroundTime.class"
10:              ALIGN=middle WIDTH=600 HEIGHT=400 >
 :    :
 :    :
22:    </APPLET>
23:   </BODY>
24:  </HTML>
```

Das Applet sieht danach im appletviewer von Sun (*JDK 1.02*) folgendermaßen aus

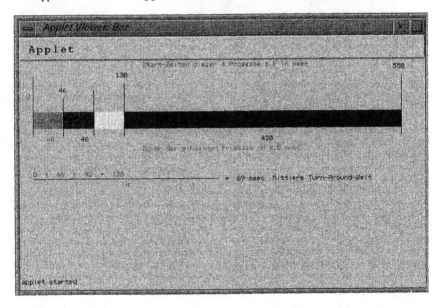

9.5.2.1.2 Einbau in das Manuskript im WWW

Hier ist eine Applet mit kleineren Ausmaßen notwendig, um den vorhergehenden und nachfolgenden Manuskript-Text bzw. Erläuterungen zum Applet noch innerhalb des Anzeigebereichs des WWW-Browsers noch zu sehen.

Die Übergabeparameter an das Applet vom HTML-Dokument aus zu dessen Dimensionierung nehmen dann im Gegensatz zu der Darstellung während der Vorlesung folgende Parameterwerte an:

```
MTATvorlesungKLEIN.html
01:   <HTML>
 :     :
 :     :
08:    <BODY>
09:     <APPLET   CODE="MeanTurnAroundTime.class"
10:                ALIGN=middle WIDTH=100 HEIGHT=50 >
 :     :
 :     :
22:     </APPLET>
23:    </BODY>
24:   </HTML>
```

Mit diesen Parametern hat das Applet folgendes Aussehen innerhalb des Manuskriptes:

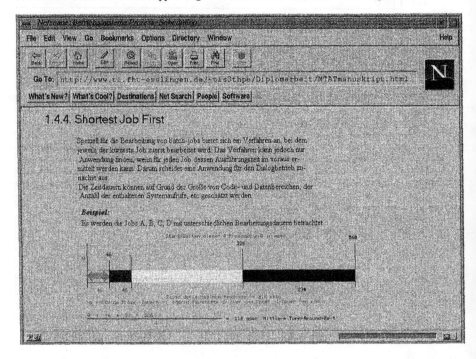

9.6 Spezielles Applet: Steganographie

Bei der Steganographie handelt es sich um die Kunst des Versteckens von Informationen in wenig relevanten bits einer Trägerdatei. Als Trägerdateien sind Audio-Dateien oder Bilddateien geeignet. In diesem Fall wird ein Applet erstellt zum Verstecken von ASCII-Text in einer GIF-Datei.

9.6.1 Aufbau des Applets für den Lernenden

Der Aufbau des Applets ist gestaltet wie eine Karteikartensammlung, mit der der Anwender über die Tabs nacheinander durch die einzelnen Schritte der Eingabe geführt wird.

Nach der Eingabe aller Informationen kann eine optische Kontrolle des Originalbildes mit dem die versteckte Information enthaltenen Bildes erfolgen, bei der beide Bilder nebeneinander angezeigt werden. Wenn auf den letzten Tab geklickt wird kann zusätzlich ein Binär-Vergleich beider GIF-Dateien erfolgen.

Dieses Applet ist ebenfalls zur Einbindung in ein Vorlesungsmanuskript bzw. zur Vorbereitung in einer Laboranleitung zu einer praktischen Durchführung während der Laborübung gedacht.

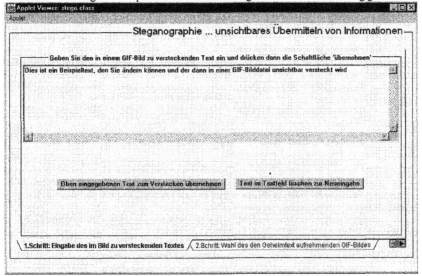

9.6.2 Prinzip des Information Hiding

Bei dieser Art der Steganographie muß das GIF-Dateiformat der ausgewählten Datei gelesen und in eine RGB-Tabelle umgewandelt werden. In dieser RGB-Tabelle können nun pro Bildpunkt jeweils das unterste Bit des Indices auf die RGB-Farbtabelle entsprechend der Bitreihenfolge des zu versteckenden Textes gesetzt bzw. gelöscht werden. Damit verändert sich die Farbe des Bildpunktes nur unwesentlich und kann bei 256-Farben optisch nicht erkannt werden bei der Anzeige des Bildes. Nach der Modifikation wird diese RGB-Tabelle wieder in den Dateiaufbau im GIF-Format übersetzt und unter einem neuen Dateinamen abgespeichert. Weiteres zum GIF-Dateiaufbau siehe Anhang.

10 Entwicklungsumgebungen für JAVA

Für die schnelle und in zumindest der Darstellung (*Oberfläche, Erscheinungsbild*), fehlerfreie Applets zu entwickeln, sind solche sog. RapidDevelopment-Tools sehr hilfreich, indem man bei der Positionierung und Einfügung von Panels, Bedienelemente (*Buttons, Links, Bildern, etc.*) unterstützt wird. Ein Teil des JAVA-Codes wird dabei automatisch und somit fehlerfrei generiert. Über Dialogboxen können weitere Methoden und Übergabeparameter in das Projekt eingefügt werden, ohne eine Zeile Code zu schreiben.

An dieser Stelle sei hier nur auf zwei der vielen verschiedenen Entwicklungstools in dieser Sparte eingegangen.

10.1 Microsoft Visual J++

Visual J++ ist Microsoft's Einstieg in die Java Werkzeug-Welt. Visual J++ ist eine komplette integrierte Entwicklungsumgebung (*IDE*), die auf den Developer Studio Produkten von Microsoft (*z.B. auch Visual C++*) basiert. Zusätzlich umfaßt J++ ein visuelles Design-Werkzeug, einen beschleunigten Bytecode Compiler, einen eigenen Appletviewer

Zudem ist Visual J++ auch erweiterbar.

Microsoft ist erst spät in den Markt der Entwicklungswerkzeuge für Java eingestiegen, dafür war dieser Einstieg um so massiver. Mit dem Einsatz von IDEs ist zu erwarteen, daß die Programmierzeit ziemlich gesenkt wird. Zudem fallen noch die erhöhten Ausführungs-Geschwindigkeit ins Gewicht, mit der der resultierende (*übersetzte/compilierte*) Code läuft.

Am meisten macht eine Entwicklungsumgebung aus, daß diese das Programmieren innerhalb einer einzigen Umgebung erlaubt. D.h. daß der der Code durch Klicken auf Buttons und durch das Drücken von Tasten kompiliert werden kann, das kompilierte Programm gestartet und auch gedebuggt werden kann. Zusätzlich kann auf Kompilierfehler im Error-Ausgabefenster geklickt werden, um direkt in die entsprechende Code-Zeile im Quellcode-Fenster zu springen, an der der Fehler sich befindet.

In Visual J++ befindet sich ein eingebauter automatischer Code-Erzeuger für Vorlagen (*Templates*) von Standardprogrammen wie Applets. So verfügt man damit über ein visuelles Entwicklungswerkzeug, mit dem der Zeitaufwand vermindert wird, die für das Layout von GUI-Elementen auf dem Bildschirm benötigt wird.

Über die Programmieraspekte hinaus bietet Visual J++ auch einen eingebauten Grafikeditor, der die enge Verbindung zwischen graphischem Design und eleganter Programmierung mit berücksichtigt.

10.1.1 Besonderheiten des integrierten Editors

Wie die meisten modernen Editoren seit Brief bietet Visual J++ die Möglichkeit, kontext-sensitive Stellen im Code hervorzuheben, damit Code-Abschnitte schnell identifiziert werden können. Eine interessante zusätzliche Eigenschaft, die von Microsoft hinzugefügt wurde, ist die Möglichkeit, JavaDoc-Kommentare von Standardkommentaren zu trennen. JavaDoc-Kommentare erscheinen in Grau, während normale Kommentare leicht grünlich sind

Eine einzigartige Eigenschaft des Microsoft-Editors ist die Fähigkeit, viele andere Editoren zu emulieren. Anwender, die sich mit BRIEF oder Epsilon auskennen, können den Microsoft-Editor die Zeichentasten, Textauswahl und Fensteranzeige dieser beiden Editoren emulieren lassen und auf diese Weise - wie in diesem Editor selbst - sich bewegen. Zusätzlich ist über eine Checkliste von Optionen die Möglichkeit gegeben, die Steuerungsmöglichkeiten dieser Editoren zu vermischen und abzugleichen.

Mit dieser Checkliste von Optionen ist die Editierumgebung entsprechend den persönlichen bzw. entwicklungstechnischen Bedürfnissen optimal anzupassen. (*siehe Abbildung*)

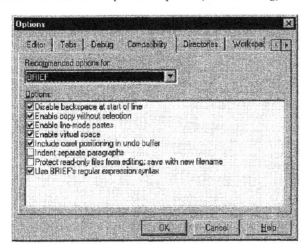

10.1.2 Einfügen von Bedienungselementen in das JAVA-Programm

Ähnlich wie beim nachfolgend-beschriebenen Visual Café werden Bedienungselemente, über eine Dialogbox, in das Applet-Layout eingefügt.

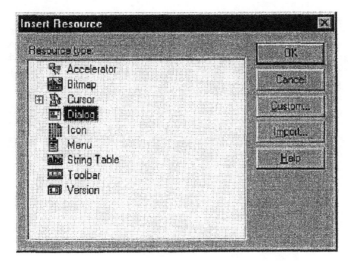

10.1.3 Installation von Microsoft Visual J++

Bei der Installation kann deren Umfang vom Benutzer angegeben werden, je nachdem wieviele Tools benötigt werden.

Die vorgeschlagene typische Installation benötigt ca. *18 Mbyte*, die Mindestanfoderung sind *12 Mbyte* freier Festplatten-Platz.

Dabei ist es ratsam die On-Line-Handbücher mit *5 Mbyte* zusätzlich mit auf die Festplatte mitzuinstallieren, um beim Zugriff auf die Handbücher die CD-ROM nicht immer ins Laufwerk legen zu müssen und auch schnelleren Zugriff auf die Handbücher zu haben. Leider wurde bei der verwendeten Evaluation-Version automatisch eine ältere englische Version des Internet-Explorers mitinstalliert und als Default-Browser in die Konfiguration eingetragen. Dies dürfte aber mit den „normalen" Voll-Versionen zu unterbinden sein.

Für die sonstigen Hardware-Vorraussetzungen gelten die gleichen Daten, wie sie im nachfolgenden Kapitel bei Visual Café angegeben sind.

Weitere Informationen zu Microsoft Visual J++ unter der URL

`http://www.microsoft.com/visualj/`

10.2 Symantec Visual Café

Symantec Visual Café ist eine kommerzielle JAVA-IDE, die auf dem C/C++ - IDE-Produkt von Symantec aufgebaut ist.

Visual Cafe bildet die Hierarchie von Klassen in einem Diagramm ab, das von der IDE „on the fly" erzeugt wird. Dieses Diagramm hilft dem Entwickler beim Verständnis des Layouts der JAVA-Klassenbibliothek und dabei wo die vom Programmierer erzeugten Klassen hingehören. Ebenso enthalten ist ein Klasseneditor, der den Projektteilnehmern erlaubt, an den Klassen des Projektes mitzuarbeiten. Eine Klassendatei zu editieren ist deutlich einfacher, als mit mehreren einzelnen Quelldateien umzugehen.

Dieses Kapitel gibt eine knappen Überblick in die Arbeit mit Symantec Visual Café mit den wesentlichen Eigenschaften des Entwicklungssystems. Nachfolgende Auflistung zeigt die wesentlichen Punkte, in welcher Form Visual Café den Entwickler von JAVA-Programmen unterstützt.

10.2.1 Unterstützung des Entwicklers bei der Erstellung von Applets

- Visual Café ist ein RAD-Tool, also ein Werkzeug für das **R**apid **A**pplication **D**evelopment. Es nimmt für JAVA die Rolle ein, die Delphi für Pascal oder Visual Basic für Basic hat.
- Visual Café bietet eine formularbasierte Entwicklungsumgebung, bei der Komponenten durch Drag-and-Drop auf Fenstern plaziert und mit der Maus Beziehungen zwischen Objekten aus generiert werden können.
- Ein *Projektmanager* dient der übersichtlichen Organisation aller an einem Projekt beteiligten Formulare, Komponenten und Klassen.

Visual Café gibt es in einer Standard- und einer Professional-Version. Bereits in der Standard-Version sind etwa 60 Komponenten enthalten *(z.B. ein Tab-Control, ein Treeview, Animationen, diverse Panels)*. Mit diesen Hilfsmitteln kann man Applets und Applikationen entwickeln, ohne daß eine Zeile Code selbst geschrieben werden muß. Die Professional-Version besitzt darüber hinaus Werkzeuge zur Integration der JAVA-Datenbanktechnologie JDBC.

- Mit dem Interaction Assistant besitzt Visual Café ein intelligentes Werkzeug, um Interaktionen zu erzeugen. Der Interaction Assistant erlaubt es, eine Ereignisquelle *(z.B. ein Button)* durch Ziehen einer Linie mit dem Objekt, das auf diese Aktion reagieren soll *(z.B. ein Formular das geöffnet werden soll)*, zu verbinden. Alle Details der Kommunikation zwischen diesen beiden Objekten werden dann im Dialog abgefragt.
- Im Gegensatz zu anderen Werkzeugen setzt JAVA bereits zum Designzeitpunkt eine virtuelle Maschine für die Interpretation der Formulare ein und erlaubt es dadurch, sie in echter WYSIWYG-Manier zu bearbeiten.
- Visual Café bietet sog. „3-Way-Editing"; wobei es gleichgültig ist, ob ein JAVA-Formular im *Eigenschaften-Fenster*, im *Formular-Editor* oder im *Sourcecode-Editor* bearbeitet wird. Die drei Schichten bleiben immer konsistent. Der generierte Code ist JAVA-typisch und kann leicht manuell bearbeitet werden. Dies wird durch einen zum Entwicklungszeitpunkt mitlaufenden JAVA-Parser erreicht, der die Quellcodeänderungen analysiert und die Formulare und Eigenschaften-Fenster entsprechend aktualisiert.
- Die Komponentenpalette kann vom Anwender und durch Drittanbieter erweitert werden. Dadurch könnte sich für JAVA ein ähnlicher Komponentenmarkt entwickeln, wie für Delphi und Visual Basic. Nicht zu vergessen, alles setzt auf Standard-Java-Features auf, in diesem Fall insbesondere der Java-Beans-Spezifikation. In zukünftigen Versionen soll auch ActiveX unterstützt werden.
- Die Basistechnik von Visual Café entspricht der von Café 1.5 und ist damit performant und ausgereift. Visual Café verwendet den schnellen **Java-Bytecode-Compiler *sj*** und die virtuelle Maschine von Symantec. Darüber hinaus kommt der Just-In-Time-Compiler in der Version 2.0 zum Einsatz, um die Ausführungsgeschwindigkeit zu erhöhen.

10.2.2 Installationsvoraussetzungen (Hardware)

Zur Installation von Symantec VisualCafé ist ein PC mit folgenden Daten erforderlich:

- IBM-kompatibler PC mit mind. 386er Prozessor (*empfohlen: Pentium*)

- 16 MByte RAM (24 MByte für größere Projekte)

- Windows 95 oder Windows NT 3.51 oder höher

- CD-Rom-Laufwerk (*nur für die CD-Rom-basierte Installation*)

- 20 bis 32 MByte freier Festplattenplatz

- VGA-Grafik, besser Super-VGA

Upgrades dieses Tools können von der ftp-site von Symantec heruntergeladen werden

Für die praktische Arbeit ist vor allem ausreichend Hauptspeicher und eine gute Grafik sinnvoll. Die Entwicklungsumgebung selbst benötigt über *10 MByte freien Speicher*, so daß mit Performance-Verlusten zu rechnen ist, wenn insgesamt nur *16 MByte Speicher* vorhanden sind. Durch die Vielzahl der während einer typischen Sitzung geöffneten Fenster, sollte eine Grafikauflösung von *1024* 768* Pixeln oder höher zur Verfügung stehen und auf *einem guten Monitor* dargestellt werden.

10.2.3 Optische Präsentation der Entwicklungsumgebung Visual Café

Nach dem Aufruf von Symantec VisualCafé vom Icon (*Symbol*) des Desktops (*Arbeitsplatz*) aus (*welches nach der Installation erst per Verknüpfung dort abgelegt werden muß*), werden mehrere Fenster geöffnet.

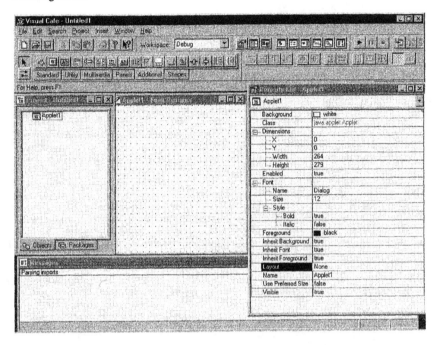

Weitere Informationen zu Symantec Cafe unter der URL
http://symantec.com/lit/dev/javaindex.html

11 Hilfsmittel zur Erstellung von Lernsequenzen

An dieser Stelle soll kurz die verwendeten Programme zur Erzeugung der animierten Grafiken auf GIF-basis unter zwei unterschiedlichen Betriebssystemen eingegangen werden. Im Anhang befindet sich noch eine umfassende Beschreibung zum Aufbau des GIF-Dateiformates.

11.1 Animierte Grafiken erstellen

Um für das Ausdrucken eines Manuskriptes mit eingebauten Applets vom Anzeigebereich des WWW-Browsers aus vornehmen zu können, bzw. um in nicht-java-fähigen WWW-Browsern dennoch den Sachverhalt auf eine andere Art und Weise darstellen zu können, ist dies durch die Erstellung von bewegten Bildern möglich. Nachfolgend werden dazu zwei Programme auf unterschiedlichen Betriebssystemen vorgestellt.

11.1.1 UNIX: gifmerge

Als exemplarisches Vorgehen soll an dieser Stelle das Zusammenfügen einzelner GIF-Bilder anhand der Einzelbilder von ampel-zeichen in eine zyklische Abfolge in Form einer animierten gif gezeigt werden:

Im aktuellen Unterverzeichnis ./Ampel befinden sich die einzelnen ampel-sequenzen in form der dateien ...

```
Ampel-1-ROT.gif
Ampel-2-ROT-GELB.gif
AMPEL-3-GRUEN.gif
Ampel-4-GELB.gif
```

Mit dem Unix-Kommando gifmerge werden diese Einzelbilder zu einem neuen GIF-Bild zusammengefaßt, das nacheinander (hier für diese Kommandozeile zyklisch) anzeigt.

```
AtHome:~/Ampel> gifmerge -192,192,192 -10 Ampel-1-ROT.gif Ampel-2-ROT-GELB.gif
AMPEL-3-GRUEN.gif Ampel-4-GELB.gif > AmpelSchaltungZyklisch.gif
```

Danach befindet sich in diesem Unterverzeichnis diese neu erstellte Datei:
```
AmpelSchaltungZyklisch.gif
```

Hinweis:
Der Aufruf kann auch folgendermaßen erfolgen, sofern sichergestellt, daß diese 4 einzelnen Ampeldateien sich in der entsprechenden Reihenfolge in dem Unterverzeichnis befinden. Dies kann mit dem Unix-Kommando ls (entspricht dir-Befehl bei DOS) ohne Angabe von Parametern überprüft werden.

```
AtHome:~/Ampel> ls↵
```

```
Ampel-1-ROT.gif    Ampel-2-ROT-GELB.gif    AMPEL-3-GRUEN.gif
Ampel-4-GELB.gif
```

```
AtHome:~/Ampel>
```

Stimmt die Reihenfolge der aufgelisteten Dateinamen mit der gewünschten Reihenfolge in der zu erstellenden animierten Bildfolge überein, genügt dazu das Kommando zum Erstellen der animierten GIF-Grafik:

```
AtHome:~/Ampel> gifmerge -192,192,192 -1000 -10 *.gif > AmpelSchaltungZyklisch.gif↵
```

Es werden damit <u>alle im aktuellen Unterverzeichnis enthaltenen *.gif-Dateien</u> in die animierte GIF-Grafik mit eingebunden.

11.1.1.1 Erklärung der wichtigsten Kommandozeilenparameter von gifmerge

```
gifmerge -192,192,192 -1000 -10
```
-1000 Anzeigedauer der einzelnen Bildsequenzen, vor dem darauffolgenden Bild
-10 l für LOOP, Anzahl der zyklischen Wiederholungen; -l0 entspricht endlose Wdh.

Eine Hilfe zu der Verwendung der Übergabeparameter zu gifmerge erhält man durch den Aufruf von gifmerge ohne Kommandozeilenparameter mit
```
AtHome:~/Ampel> gifmerge↵
```

11.1.2 Windows: gifcon

Mit diesem Programm lassen sich Bilder von screenshots *(=Bildschirm-Hardcopies in die Zwischenablage)* und den verschiedensten Grafik-Formaten (*.bmp, *.gif) zu einer animierten GIF-Grafik zusammenbinden.

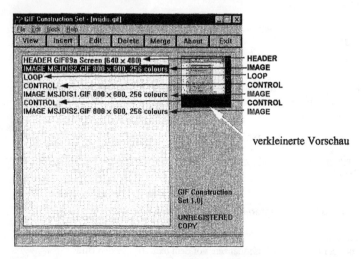

verkleinerte Vorschau

Als erstes wird mit dem Header Block der gesamte Grafikbereich definiert. Die Größe der einzelnen nachfolgenden in die GIF-Animation eingefügten Bilder können unterschiedliche Größe haben, d.h. auch kleiner sein als dieser vordefinierte Bildschirmbereich.
Der weitere Aufbau wiederholt sich:

Für eine Standard-Default-Grafik haben die Zeilen Folgenden Aufbau
HEADER ..... Gesamtgröße des Bildbereichs
IMAGE ..... interleaced (Default-Grafik für den Ausdruck vom Web-Browser aus)
LOOP .... Wiederholung der Reihenfolge der nachfolgenden Grafiken
CONTROL ... Verweildauer für die nachfolgende Grafik **IMAGE**
IMAGE .... eingeladenes Bild (*.bmp oder *.gif)
CONTROL
IMAGE
CONTROL
IMAGE
⋮
⋮

In einem **CONTROL** -Block vor Zeile mit der eingebundenen Grafik wird ggf. die Transparenz und die Verweildauer der Anzeige des in der darauffolgenden Zeile stehenden Bildes festgelegt.

In der **LOOP**-Anweisung wird die Anzahl der Wiederholung aller nachfolgenden Einzel-Bilder mit den entsprechenden Anzeigezeiten wiederholt. Bisher wird diese Anzahl der Schleifendurchläufe vom Netscape-Browser ignoriert. Entweder nur eine Wiederholung oder endlose zyklische Wiederholung ist möglich.

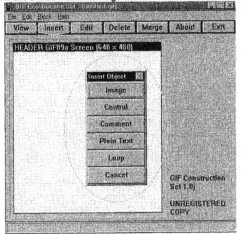

Die nachfolgende Zeile enthält die Bilddaten, die ebenfalls über den Insert-Button und anschliessender Auswahl des Menü-Buttons Image auf dem sich öffnenden Menüs ausgewählt wird.

Falls eine Farbumsetzung notwendig ist, erscheint nachfolgende Dialogbox. Man verwendet am besten die Methode der Nutzung der globalen Farbpalette.

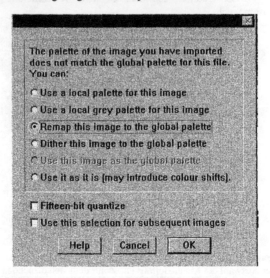

Dieses unter *Windows3.1* und *Win95* laufende Shareware-Programm kann unter der URL http://www.fh-reutlingen.de/tucows/ auf den eigenen Rechner heruntergeladen und dort installiert werden. Die Installation ist mit dem als *selbst-extrahierendes Archiv* namens `gifcon32.exe` einfach zu bewerkstelligen. Das gepackte Programm paßt mit ca. **1,3 Mbyte** somit auch auf eine 1,44 Mbyte-3,5"-Diskette.

Der Dateikonverter **SOX** zur Umwandlung der AUDIO-Dateiformate `*.au`, `*.wav`, `*.aiff` ist vom FTP-Server
`ftp://ftpcs.ruu.nl/pub/MIDI/PROGRAMS/`
herunterzuladen.

12 Entwicklungsumgebungen und Dateikonverter für HTML

Die in vorherigen Kapiteln bereits erwähnten Softwareprodukte, seien hier noch etwas genauer vorgestellt.

12.1 Zu WinWord: Internet Assistant

Bei diesem Tool zu *Microsoft Word* für *Windows 95* handelt es sich um ein zusätzliches Programm, daß kostenlos heruntergeladen und installiert werden kann. Da es nur in der englischen Version gibt, ist es ratsam bei der Installation, die Dialogbox mit der Frage ob die neue Sprache Englisch übernommen werden soll mit *nein* beantwortet, da sonst alle Menüpunkte in WinWord auf Englisch umgestellt werden. Die einzelnen Menüs und die Symbolleiste werden bei der Installation durch weitere englische Einträge ergänzt.

Durch die Ergänzung von Menüeinträgen im original Winword können so direkt in der gewohnten Umgebung bereits Hyperlinks in das Dokument eingefügt werden und so bereits der Aufbau des Manuskriptes auf dem Internet gestaltet werden.

Bsp. Zu den ergänzten Menüeinträgen durch den installierten InternetAssistant

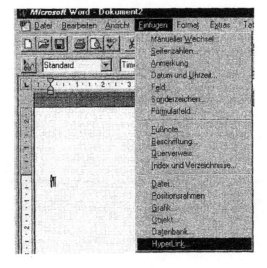

12.2 Zum HTML-Editor HoTMetaL PRO

Dabei handelt es sich um ein kommerzielles Produkt der Fa. Softquad, mit dem nicht nur Dateiformate konvertiert, sondern auch vor allem auch HTML-Dateien entworfen werden.

Dazu gibt es besonders in diesem Programm 2 Modi: den Modus mit dem übersichtlich im WWW-Layout Tabellen und FRAMES gestaltet werden können als auch eine sog. WYSIWYG-Ansicht, in der die erstellte Seite im WWW-Browser dargestellt wird. Somit kann schnell von der übersichtlichen Gestaltungs-Umgebung auf die WYSIWYG-Ansicht umgeschaltet werden und schnell Änderungen überprüft werden.

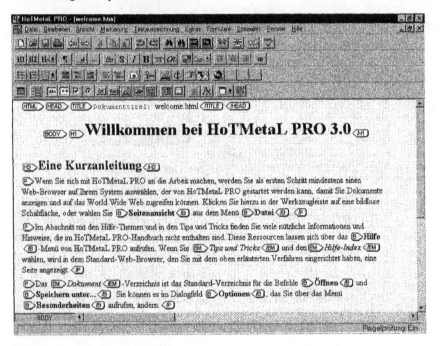

Näheres dazu auf der Homepage des betreffenden Unternehmens SOFTQUAD unter der URL:
http://www.softquad.com

13 Ausblicke

Da VRML zunehmend mit JAVA verwächst, ist zu erwarten, daß bald alles in JAVA realisiert werden kann.

HTML wird ebenfalls immer weiter entwickelt, nachdem Microsoft und Netscape verstärkt immer mehr browser-spezifische (*firmen-spezifische*) Browser-Erweiterungen zu HTML hinzufügen, um ihr Produkt von den anderen Herstellern abzuheben. Sofern diese Erweiterungen sich als nützlich erweisen und vielfach verwendet werden, entscheiden sich die HTML-Gremien zur Aufnahme dieser Erweiterungen in eine ihrer neuen HTML-3.x bzw. HTML-4.0-Spezifikationen, denen dann alle Hersteller von WWW-Browsern genügen müssen.

Zudem entwickelt sich ein vielleicht ganz neuer „HTML"-Standard namens XML, mit dem weitreichende gestalterische Möglichkeiten bezüglich des Layouts (*Drehen von Schriftzeilen, etc*) möglich werden.

Im Bereich der multimedialen Lernprogramme sind kurzfristig weitere Publikationen und Realisierungen durch Wettbewerbe, größer-werdende Multimedia-Messen und nicht zuletzt durch Projekte die im Rahmen der virtuellen Universität ins Leben gerufen werden, zu erwarten. Da gerade das Internet respektive das World Wide Web gerade bei Jugendlichen sehr stark angenommen wird und wohl auch nicht so schnell aus deren Mode kommen wird, als daß auch die Jugendlichen die Zukunft darstellen, ist der Verbreiterung von Lernsoftware auf Internet / Intranet (*etwa zur firmeninternen Weiterbildung*), wird sich auf diesem Gebiet noch einiges bewegen müssen.

14 Literatur- und Informationsquellen-Verzeichnis

- Lerntechniken

  Tony Buzan
  Kopftraining - Anleitung zum kreativen Denken, Test und Übungen
  Reihe Ratgeber
  Goldmann Verlag 11/91

- JAVA

  Stephen R. Davis
  JAVA jetzt !
  Microsoft Press

  Laura Lemay
  JAVA in 21 Tagen
  SAMS
  http://www.lne.com/Web/Java/
  Umfassende und sehr ausführliche englisch-sprachige Einführung in die Programmierung
  von JAVA-Applets mit Hintergrund-Informationen
  http://www.fh-augsburg.de/~redbaron/Java/Tutorial/applet/index.html

  native-Schema
  http://java.sun.com/products/jdk/1.1/docs/guide/jni/spec/intro.doc.html
  http://java.sun.com/nav/read/Tutorial/native/implementing/index.html

- HTML

  Sonderzeichen:
  Eingabe-Syntax für Sonderzeichen in HTML
  http://www.uni-passau.de/~ramsch/iso8859-1.html

  HTML-3.2-Kurs zum downloaden als selbstextrahierendes Archiv (PS)
  http://www.uni-stuttgart.de/RUS/infos/kurse/material/steilkurs-html32/steilkurs-html32.html

  englisches Tutorial
  http://www.ncsa.uinc.edu/General/Internet/www/htmlprimer.html

  deutsches Tutorial
  http://www-stall.rz.fht-esslingen.de/studentisches/html-kram.html

- CGI
  http://www.netzwelt.com/selfhtml/teca.html

- GIF-Bildbearbeitung und Beschreibung GIF89a-Bildformat

  Animierte Grafiken mit gifcon
  `http://www.zampano.com/gifanim/addendum.html`

  animierte GIF erstellen und GIFinfo
  `http://www.iis.ee.ethz.ch/~kiwi/GIFmerge/`

- GIF-Bilddatei-Format

  Günter Born
  Referenzhandbuch
  Dateiformate
  ADDISON-WESLEY

- LZW-Algorithmus

  Vorlesungs-Manuskript „Multimedia" von Prof. Schmidt, FHTE

- ActiveX

  Adam Blum
  ActiveX
  SYBEX-Verlag 1997

- Kryptographie, Kryptoanalyse / Steganographie

  Vorlesungsmanuskript
  „Informations- & Kodierungstheorie"
  von Prof. Schmidt (FHTE)
  `http://www.ti.fht-esslingen.de/~tis3thpe/Diplomarbeit/Kryptographie/Skript/inf-cod.htm`

  Kryptographie und Security
  `http://adams.patriot.net/~johnson/html/neil/sec/tools.htm#somelib`

  Steganographie
  Romana Machado
  `http://www.romana.com`
  `http://www.stego.com`

15 Anhänge

15.1 Das GIF-Dateiformat

Die Firma *Compuserve* spezifizierte *1987* ein Protokoll zum Übermitteln von Grafikdaten zwischen Mailboxen. Mittels dieses Protokolls (*GIF87a*) sind mehrere Bilder in einer Datei zu speichern. Dekodierung und Komprimierung gewährleisten eine gute Datenkomprimierung und schnelle Bildwiedergabe. Das Grafikformat ist hardwareunabhängig und erlaubt, Bilder mit bis zu 16000 x 16000 Punkten und mit 256 Farben zu kombinieren, die sich aus 16 Millionen Farbabstufungen zusammensetzen können. Hierbei wird das Intel-*Format (little endian)* verwendet.

1989 wurde eine erweiterte Version (*GIF98a*) definiert, die nachfolgend beschrieben wird. Eine GIF98a-Datei besteht aus mehreren Blöcken zur Aufnahme der Grafiken und zusätzlich benötigter Daten. Die Blöcke lassen sich in drei Blöcke zusammenfassen:

- **Control Blocks**

- Graphic Rendering Blocks

- Special Purpose Blocks

Die **Control Blocks** (z.B. Header, Logical Screen Descriptor, Graphics Control Extension, Trailor) enthalten Informationen zur Steuerung der Bildwiedergabe. In den *Graphic Rendering Blocks (z.B. Image Descriptor, Plain Text Extension etc.)* finden sich die eigentlichen Daten zur Ausgabe der Grafiken.

Die Blockgröße ist mit Ausnahme der Subblocks zur Aufnahme von Daten fest definiert. Enthält der Block ein *Block Size Feld*, gibt dieser Wert die Zahl der folgenden Bytes im Block an. Diese Größe enthält nicht einen eventuell folgenden Terminator . Nachfolgende Grafik gibt den strukturellen Aufbau einer GIF-Datei wieder:

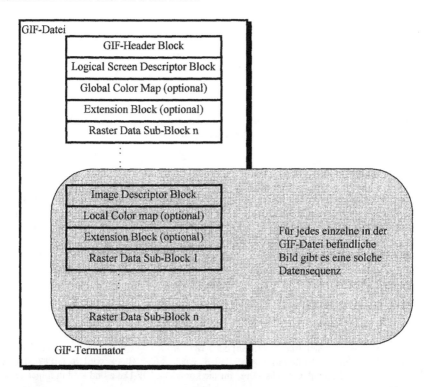

Für jedes Bild der GIF-Datei werden ein *Image Descriptor* und ein oder mehrere *Raster Data Blocks* abgelegt. Ein *Local Color Map Block* kann optional auftreten. Innerhalb der Blockstruktur dürfen sogenannte *Subblocks* auftreten (*z.B. Blöcke mit Bilddaten*). Diese Subblocks bestehen aus einem Längenbyte, welches die Zahl der Folgebytes im Block (*0-255*) definiert. Daran schließt sich der Datenbereich mit 0 bis 255 Byte an.

15.1.1 Der GIF-Header

Eine GIF-Datei muß immer mit einem Header beginnen. Dieser Header umfaßt 6 Byte und besitzt die in nachfolgender Tabelle definierte Struktur.

Offset	Bytes	Feld
00h...02h	3	Signatur 'GIF'
03h...05h	3	Version '98a'

In den ersten drei Byte steht eine Signatur für den Header ('GIF'). Daran schließen sich drei Byte mit der GIF-Version an. Zur Zeit sind folgende Versionen definiert:

87a GIF-Definition Mai 1989
89a GIF-Definition Juli 1989

Der Header darf nur einmal innerhalb der GIF-Datei auftreten, und es muß der erste Block in der Datei sein. Die folgende Blockstruktur ist für GIF87a und GIF89a gleich, wobei in GIF89a zusätzliche Blocktypen definiert wurden. Weiterhin wurden einige Flags in der GIF89a-Version etwas modifiziert. Auch ältere GIF87a-Decoder können eine GIF89a-Datei bearbeiten, wobei aber die erweiterten Blocktypen überlesen werden und eventuell Informationen verloren gehen.

15.1.2 Der Logical Screen Descriptor Block

An den Header muß sich (*ab Offset 06h*) der 7 Byte große *Logical Screen Descriptor Block* mit den Daten des logischen Bildschirms anschließen. Auch dieser Block wird in GIF87a und GIF89a verwendet. Die Daten des Blocks gelten für die komplette GIF-Datei und sind in folgender Struktur abgelegt:

Offset	Bytes	Feld
06h...07h	2	Logical Screen Width
08h...09h	2	Logical Screen Height
0Bh...0Ch	1	Resolution Flag
0Dh...0Eh	1	Background Color Index
0Fh...10h	1	Pixel Aspect Ratio

Der erste Eintrag umfaßt einen 16-Bit-Wert und gibt die Breite des logischen Bildschirms in Pixeln an. Dabei wird die Intelnotation (*Low Byte first*) zur Speicherung benutzt. Das nächste Feld mit der Bildschirmhöhe enthält ebenfalls einen 16-Bit-Wert. Die beiden Werte für die Bildabmessungen beziehen sich auf einen virtuellen Bildschirm, dessen Nullpunkt sich in der oberen linken Ecke befindet.

Ab Offset 04h findet sich im *Logical Screen Descriptor Block* ein Bitfeld (*Resolution Flag*) mit der Kodierung gemäß nachfolgender Struktur.

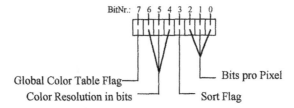

Das oberste Bit 7 markiert, ob ein *Global Color Map* existiert. Ist Bit 7 auf 1 gesetzt, folgt auf den *Logical Screen Descriptor Block* die *Global Color Map*. Ist dieses Bit auf 0 gesetzt, fehlt die *Global Color Map* und die Bits für den *Background Color Index* (*Hintergrundfarbe*) besitzen keine Bedeutung.

In den Bits 4 bis 6 wird festgehalten, wieviel Bits zur RGB-Darstellung einer primären Farbe (*Color Resolution*) in der Farbtabelle zur Verfügung stehen. Der Wert in den Bits ist jeweils um 1 zu erhöhen. Der Wert 3 besagt, daß pro primäre Farbe 4 Bit in der entsprechenden Palette benutzt werden.

Bit 3 ist in der GIF87a-Spezifikation noch als reserviert markiert und muß auf 0 gesetzt werden. In der GIF89a-Spezifikation enthält dieses Bit das *Sort Flag*. Der Wert 1 signalisiert, daß die *Global Color Table* sortiert vorliegt. Die Sortierung erfolgt dabei nach den Farben mit absteigender Bedeutung, d.h. die häufiger verwendeten Farben befinden sich am Beginn der Palette. Dies ist für Decoder, die nur wenige Farben unterstützen, hilfreich. Mit dem Wert 0 liegt die *Global Color Map* unsortiert vor.

In den Bits 0 bis 2 wird in GIF87a die Zahl der Bit pro Pixel angegeben. Der Wert ist dabei um 1 zu erhöhen. Der maximale Wert 7 bedeutet, daß 8 Bit pro Pixel verfügbar sind. Damit lassen sich 256 unterschiedliche Farben in einem Bild verwenden. In der GIF89a-Spezifikation wird angegeben, daß bei gesetztem *Color Table Flag* die drei Bits die Größe der globalen Farbpalette (*Global Color Table Size*) in Byte definieren. Letztlich handelt es sich aber um den gleichen Wert (Bit pro Pixel), da sich die Größe der Farbpalette zu:

$$ColorTableSize = 2^{value + 1}$$

berechnen läßt. Der Wert sollte auch dann gesetzt werden, wenn die GIF-Datei keine *Global Color Map* enthält. Dies ermöglicht dem Decoder, den entsprechenden Graphikmodus einzustellen.

Ab Offset 05h findet sich im *Logical Screen Descriptor Block* ein Byte mit der Kodierung der Hintergrundfarbe (*Background Color Index*). Diese Hintergrundfarbe wird aus den 256 möglichen Farben ausgewählt. Die Hintergrundfarbe wird für die Teile des Bildschirms benutzt, die nicht durch die Bitmap belegt werden (z.B. Ränder). Falls das *Global Color Flag* gelöscht (0) ist, sollte das Byte auf 0 gesetzt und vom Decoder überlesen werden.

Das Byte ab Offset 06h im *Logical Screen Descriptor Block* definiert das *Pixel Aspect Ratio*. Die Belegung wird jedoch in GIF87a und GIF89a unterschiedlich gehandhabt. In GIF87a gilt die Kodierung gemäß dem Aufbau:

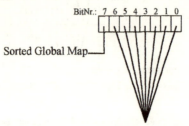

Pixel Aspect Ratio

In GIF87a wird Bit 7 als *Sorted Global Color Map Flag* verwendet. Die restlichen Bits geben das *Pixel Aspect Ratio* des ursprünglichen Bildes an.

In GIF89a ist das *Sorted Global Color Map Flag* im *Resolution Flag* integriert. Daher werden alle Bits des *Pixel Aspect Ratio*-Feldes benutzt. Ist der Wert des Feldes ungleich 0, läßt sich das Verhältnis der Bildabmessungen zu:

$$AspectRatio = \frac{PixelAspectRatio + 15}{64}$$

berechnen. Das *Pixel Aspect Ratio* ist als Quotient der Bildbreite zur Bildhöhe definiert. Die Spezifikation erlaubt einen Bereich zwischen 4:1 bis 1:4 in 1/64 Schritten.

15.1.3 Der Global Color Map Block

Im Anschluß an den *Logical Screen Descriptor Block* kann optional ein Block mit der *Global-Color-Map* (*globale Farbpalette*) gespeichert sein. Dies ist immer dann der Fall, wenn im vorhergehenden *Logical Screen Descriptor Block* das Bit 7 des *Resolution Flags* gesetzt ist. Im *Color Map Block* wird die globale Farbtabelle für die nachfolgenden Bilder spezifiziert. Diese globale Farbpalette wird immer dann verwendet, wenn ein Bild keine lokale Palette besitzt.

Für jeden Bildpunkt sind maximal 8 Bit vorgesehen, womit sich lediglich 256 Farben oder Graustufen abbilden lassen. Eine *True Color*-Darstellung (Echtfarbenanzeige) ist nicht vorgesehen. Die *Global Color Map* enthält für jede der 256 Farben ein Tripel (*3 Byte*) mit den Grundfarben Rot, Grün und Blau.

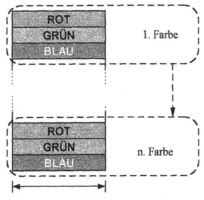

1 byte (Wert: 0..255)

Jeder dieser drei Grundfarben ist ein Byte zugeordnet. Der in dem Byte abgelegte Wert bestimmt den Farbanteil (*Intensität*) in der Mischfarbe. Mit drei Byte pro Farbe lassen sich 16 Millionen Farben darstellen, wobei jedoch nur 256 Farben über die Palette im Bild genutzt werden können. Der Wert eines Bildpunktes wird als Offset in die Farbtabelle interpretiert, und die Grafikkarte generiert dann den zugehörigen Farbwert. Die Größe der Farbtabelle und die Zahl der Bits pro Farbe wird ebenfalls im Resolution Flag spezifiziert.

$$PaletteSize = 3Byte \cdot 2^{Bits\,Pr\,oPixel}$$

15.1.4 Der Image Descriptor Block

Jedes Bild innerhalb der GIF-Datei muß durch einen 10 Byte großen *Image Descriptor Block* eingeleitet werden. Der Block wird in beiden GIF-Varianten verwendet. Die Struktur dieses Blocks ist aus der nächsten Tabelle zu entnehmen.

Bytes	Feld
1	Image Separator Header (ASCII 2CH = ',')
2	Koordinate Left Border
2	Koordinate Top Border
2	Image Width
2	Image Height
1	Flags

Der Block enthält die wichtigsten Daten eines Bildes wie Abmessungen, Koordinaten der linken oberen Ecke etc. Das erste Byte wird mit dem Separator (',' *2Ch*) gefüllt. Die beiden folgenden Felder geben die Bildkoordination für die obere linke Ecke des Bildes in Pixeln an und umfassen jeweils 16 Bit (*unsigned Word*). Diese Daten beziehen sich auf den logischen Bildschirm.

Ab dem dritten Feld (*Offset 05h im Block*) wird die Breite des Bildes (*Image Width*) in Pixel angegeben. Das folgende Wort definiert die Bildhöhe in Pixel. Beide Werte werden als unsigned Word definiert.

Das letzte Byte dient zur Aufnahme verschiedener Flags, die folgendermaßen kodiert sind:

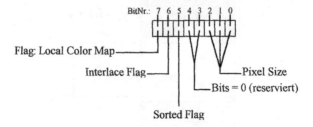

Das oberste Bit spezifiziert, ob sich eine lokale Palette (*Local Color Map*) an den *Image Descriptor Block* anschließt. Ist Bit 7 = 1, folgt dem *Image Descriptor Block* eine *Local Color Map*. In diesem Fall werden diese Daten für die Farbpalette des folgenden Teilbildes verwendet. Ein Decoder muß dann die *Global Color Map* sichern und die neuen Daten benutzen. Nach Bearbeitung des Bildes sind die Daten der *Global Color Map* zu restaurieren.

Bit 6 definiert das *Interlaced Flag*, d.h. das Grafikbild kann *sequentiell* (Bit 6 = 0) oder *interlaced* (*Bit 6 = 1*) gespeichert sein. Der sequentielle Modus gibt Zeile für Zeile des Bildes aus. Im Gegensatz dazu wurde der *Interlaced Mode* geschaffen, um bei einer Übertragung per Telefonleitung möglichst schnell über ein Rohbild zu verfügen. In diesem Modus wird bei jedem Durchlauf nur jede achte Zeile übertragen und ausgegeben, so daß nach dem ersten Durchlauf zunächst die 0., 8., 16. Uns. Zeile vorliegt. Die fehlenden Zeilen werden dann in den folgenden Durchläufen in der Folge der Anfangsreihen 4,2,1,3,5,7 ergänzt. Beim zweiten Durchlauf erhält man demnach die 4., 12., 18. Usw. Zeile und beim dritten Durchlauf die 2., 6.,10. Usw. Zeile.

Bit 5 gibt in GIF89a an, ob die lokale Farbtabelle nach Farben sortiert ist. Bei gesetztem Bit werden die wichtigsten Farben zuerst in der Palette abgelegt. Die am häufigsten verwendete Farbe sollte zuerst gespeichert werden. Beim Flag = 0 werden die Farben der Palette unsortiert abgelegt. Bit 5 wird aber nur in wenigen Anwendungen benutzt, da die offizielle GIF87a-Dokumentation dieses Bit nicht erwähnt und zu 0 setzt.

Die Bits 3-5 sind GIF87a als reserviert markiert und müssen auf 0 gesetzt werden.

Die unteren Bits 0-2 definieren die Zahl der Bit pro Bildpunkt (*GIF87a und GIF89a*). Der Wert der Bits ist um 1 zu erhöhen. Mit einem Eintrag von 7 werden 8 Bit pro Pixel verwendet. Aus diesem Wert läßt sich die Zahl der Einträge in der Farbpalette (2**n) und damit deren Größe (*Einträge * 3 Byte*) berechnen. Der Wert dieser drei Bit sollte auf 0 gesetzt werden, falls keine *Local Color Map* folgt.

15.1.5 Der Local Color Map Block

Neben der globalen Farbtabelle lassen sich auch *vor* den Raster-Image-Blöcken eines Teilbildes lokale Farbpaletten definieren. Ist das *Local Color Table Flag* im *Image Descriptor Block* gesetzt, folgt auf diesen Block der *Local Color Map Block*. Dann muß der Decoder die Daten der *Global Color Map* sichern. Erst nach Bearbeitung der Bilddaten ist die *Global Color Map* zu restaurieren. Der Aufbau der *Local Color Map* stimmt mit dem der *Global Color Map* überein. Eine GIF-Datei kann mehrere *Local Color Map Blocks* enthalten. Die *Local Color Map Blocks* sind in beiden GIF-Spezifikationen definiert.

15.1.6 Der Extension Block

An den Block mit der *Local Color Map* kann sich ein optionaler Extension Block (Erweiterungsblock) anschließen. Über diese Extension Blocks wurde in GIF87a ein Weg für zukünftige Erweiterungen des Formates geschaffen. In GIF87a waren diese Extension Blocks zum Speichern von Informationen über das bilderzeugende Gerät, die benutzte Software, die Ausrüstung zur Bildabtastung (*Scanner*) etc. vorgesehen. Die Extension Blocks haben den im Folgenden beschriebenen Aufbau:

Bytes	Feld
1	Extension Block Header (ASCII 21h = '!')
1	Funktionscode (0...255)
1	Länge Datenblock 1 (in Byte)
n	Datenblock 1
1	Länge Datenblock 2
n	Datenblock 2
...	...
1	Länge Datenblock n
n	Datenblock n
1	00H als Terminator

Das erste Byte des Erweiterungsblocks enthält das Zeichen „!" als Signatur. Darauf folgt ein Byte mit dem Funktionscode, der die Art der nachfolgenden Daten definiert.

Anschließend folgt der Datenbereich, der mehrere Records der gleichen Struktur enthalten kann. In jedem dieser Records findet sich im 1. Byte die Angabe über die Anzahl der nachfolgenden Datenbytes, womit ein Datenbereich die maximale Länge von 255 Byte besitzen kann.

Bei längeren Datensequenzen sind mehrere Subblocks zu speichern. Das Endes *Extension Blocks* wird durch ein Nullbyte (*00h*) markiert.

Die Belegung der Funktionscodes ist in GIF87a nicht definiert. Auch der interne Aufbau wurde dem jeweiligen Entwickler des Encorders überlassen. In GIF89a ändert sich die Situation, denn die Spezifikation beschreibt verschiedene *Extension Blocks*. Der Aufbau dieser *Extension Blocks* für GIF89a wird am Ende dieser GIF-Bechreibung vorgestellt.

15.1.7 Der Raster Data Block

Die eigentlichen Bilddaten (*Image Data*) werden in einem oder mehreren *Raster Data Blocks* abgelegt. Ist im *Image Descriptor Flag* das Flag für die *Local Color Map* gesetzt, folgen die Bilddaten im Anschluß an die Farbtabelle. Fehlt die *Local Color Map*, schließen sich die Daten an den *Image Descriptor Block* oder an einen *Extension Block* an. Der erste Raster Data Block besitzt den Aufbau:

Bytes	Feld
1	Code Size
1	Byte im Datenblock
n	Datenbytes

Im ersten Byte des ersten Blocks steht ein Byte, welches als *Code Size* bezeichnet wird. Dieser Wert definiert die minimale Codelänge, die für die Darstellung des Pixels bei der LZW-Komprimierung benötigt wird. Dieses Byte wird zur Initialisierung des Decoders benutzt. In der Regel stimmt der Wert mit der Zahl der Farbbits pro Bildpunkt überein. Nur bei Schwarzweiß-Bildern (Bit pro Pixel = 1) muß *Code Size = 2* gewählt werden.

Das zweite Byte definiert die Zahl der Bytes im nachfolgenden Datenblock. Der Wert kann dabei zwischen 0 und 255 liegen.

Ab dem dritten Byte folgen die komprimierten Bilddaten. Umfassen die Bilddaten mehr als 255 Byte, folgen weitere Subblocks mit den restlichen Daten (siehe Abschnitt *Subblocks mit Raster Daten*). Nach der Dekodierung ist das Bild beginnend in der linken oberen Ecke von links nach rechts und von oben nach unten aufzubauen. Zur Komprimierung wird der LZW-Algorithmus von Lempel-Ziv & Welch in leicht modifizierter Form benutzt (*siehe nachfolgenden Abschnitt*).

15.1.8 Die LZW-Komprimierung

Im Programmen und GIF-Grafikdateien wird die Technik des LZW-*Verfahrens (Lempel-Ziv-Welch)* benutzt. Der Algorithmus versucht den zu komprimierenden Zeichenstrom in Teilketten zu zerlegen und diese in einer Tabelle zu speichern. Anschließend werden nur die Indizes in die betreffende Tabelle als Ausgabecodes gespeichert. An Hand dieser Ausgabecodes läßt sich dann der ursprüngliche Zeichenstrom wieder generieren. Der prinzipielle Aufbau stellt sich wie folgt dar:

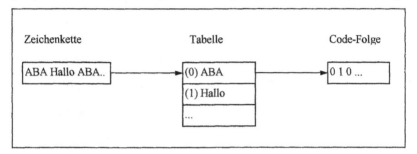

Die Zeichenfolge läßt sich in Teilstrings (*ABA, Hallo etc.*) aufteilen. Diese Zeichenfolgen tauchen auch in der Kodierungstabelle auf. An Stelle der Teilstrings wird dann jeweils der zugehörige Tabellenindex als Ausgangscode übertragen. Aus der Ursprungszeichenkette mit 11 Zeichen (*ABAHalloABA*) wird dann eine Codefolge mit 3 Zeichen (010). Mit diesem recht einfachen Prinzip lassen sich beliebige Zeichenfolgen komprimieren.

Allerdings sind noch zwei Probleme zu beheben. Einmal wird die Codetabelle sich nur in den seltensten Fällen a priori bestimmen lassen. Sie wird aber auch nicht mit dem Code gespeichert und steht bei der Dekomprimierung nicht mehr zur Verfügung. Deshalb muß der Algorithmus bei der Komprimierung und Dekomprimierung die Tabelle jeweils selbst aufbauen. Die zweite Schwierigkeit betrifft die Größe der Tabelle. Theoretisch muß diese Tabelle unendlich groß sein, um alle Zeichenkombinationen aufzunehmen. Aus praktischen Gründen wird jedoch die Größe der Tabelle limitiert. Mit der Implementierung des LZW-Algorithmus für GIF-Dateien werden diese Probleme behoben.

Zur Gegenüberstellung des Verfahrens sind noch einige Begriffe zu erläutern.

- <new>   Speicherzelle mit dem letzten gelesenen Zeichen

- <old>   Speicherzelle mit dem vorletzten gelesenen Zeichen

- [...]   Zeichenpuffer zum Aufbau der Tabelle

- [...]K   Zeichenpuffer mit angefügtem Zeichen K

Für den Aufbau der Tabelle ist dabei der Puffer [...] von Bedeutung. Dieser Puffer kann einzelne Zeichen oder komplette Zeichenketten aufnehmen. Ziel des Algorithmus ist es, komplette Zeichenketten zu bilden, die noch nicht in der Tabelle abgespeichert sind. Tritt dieser Fall auf, wird der betreffende Teilstring an die Tabelle angefügt und ein Code für die letzte vorhandene Teilkette ausgegeben. So baut sich die Kodierungstabelle selbst auf und kann an Hand des Ausgabecodes jederzeit bei der Dekomprimierung rekonstruiert werden.

Weiterhin stellt sich die Frage nach der Initialisierung der Tabelle zu Beginn der Komprimierung. Die Größe muß willkürlich festgelegt werden. Mit 12 Bit lassen sich zum Beispiel 4096 Einträge kodieren. Jeder Eintrag speichert später eine Zeichenfolge. Als Ausgabecode werden dagegen nur die 12-Bit-Indizes der Tabelle gespeichert. Dies führt zu der gewünschten Komprimierung. Mit etwas Kenntnis über die möglichen Zeichen im Eingabecode läßt sich die Tabelle teilweise mit Anfangswerten initialisieren. Nimmt man an, die Eingangszeichen stammen aus dem Alphabet der Großbuchstaben, dann können die ersten 26 Einträge der Tabelle mit den Codes des Zeichen (*0 = A, 1 = B, 2 = c, etc.*) belegt werden.

Der LZW-Algorithmus zur Komprimierung läßt sich dann mit folgenden Pseudo Code-Anweisungen beschreiben.

```
Initialize table
Clear Buffer [..]
WHILE not EOF DO
 Read Code in K
 IF [..]K in Tabelle ?
  [..] <- [..]K
 ELSE
  ADD [..]K in Tabelle
  Write Tabellenindex von [..]
  [..] <- K
 ENDIF
WEND
Write Tabellenindex von [..]
```

Zuerst ist die Tabelle zu initialisieren und der Puffer [..] zu leeren. Dann wird die Folge von Eingabecodes zeichenweise gelesen. Das gerade gelesene Zeichen der Eingabefolge wird rechts vom Puffer als Postfix beigestellt ([..]K). Dabei ist zu prüfen, ob der auf diese Weise gebildete Teilstring [..]K bereits in der Tabelle auftritt. Für diesen Fall bearbeitet der Algorithmus das nächste Zeichen. Kommt der String noch nicht in der Tabelle vor, beginnt der nächste Schritt. Als erstes wird dabei der neue String [..]K in der Tabelle an der ersten freien Position angehängt. Dann wird der Tabellenindex des Teilstrings [..] (not [..]K) als Ausgabecode gespeichert. Abschließend ist der alte Pufferinhalt durch das zuletzt gelesene Zeichen K zu ersetzen. Als nächstes wird das folgende Zeichen gelesen und die Bearbeitung erfolgt wieder von vorn. Erst wenn alle Zeichen ausgelesen wurden, ist der Code des Puffers mit dem Reststring aus der Tabelle zu ermitteln und auszugeben. An einem kleinen Beispiel soll dieser Sachverhalt nochmals verdeutlicht werden. Aus der Menge der Buchstaben A,B,C,D soll die Zeichenkette ABACABA gebildet werden. Die Tabelle läßt sich dann in den ersten 4 Einträgen mit den Buchstaben A,B,C,D initialisieren.

Das folgende Bild gibt die einzelnen Schritte bei der Komprimierung wieder:

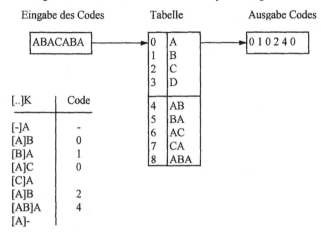

Aus der Zeichenfolge ABACABA wird dann die Codefolge 010240. Diese Folge umfaßt nur noch 6 Codes, während der ursprüngliche String 7 Zeichen enthält. Bei längeren Zeichenketten ergeben sich wesentlich bessere Komprimierungsverhältnisse.

Bei der Dekomprimierung muß nun die Codefolge wieder in den Ausgabestring überführt werden. Hierzu wird ein Algorithmus verwendet, der sich mit folgenden Pseudo Code-Anweisungen beschreiben läßt:

```
Initialise Stringtabelle
<code> := 1. Code Byte
Tabelle[code] -> Ausgabestring
<old> := <code>
WHILE NOT EOF DO
  <code> := Next Code Byte
  IF Tabelle[code] belegt?
    Tabelle [code] -> Ausgabestring
    [...] <- Tabelle[old]
    K    <- 1. Zeichen (Tabelle[code])
    write [...]K in Tabelle
    <old> .= <code>
  ELSE
    [...] <- Tabelle[old]
    K    <- 1. Zeichen (...)
    [...]K -> in Ausgabestring
    [...]K -> Tabelle
<old> := <code>
  END IF
WEND
```

Bezüglich der verwendeten Nomenklatur gilt: *<old>* und *<code>* sind zwei Variable, in denen das vorletzte und das letzte Zeichen stehen. Mit *[...]* wird ein Zeichenpuffer definiert, der Strings aus der Stringtabelle enthält. Die Stringtabelle wird mit *Tabelle[...]* bezeichnet.
Mit *->Ausgabestring* werden Strings in die Ausgabeeinheit geschrieben.
Der Algorithmus initialisiert zuerst die Stringtabelle mit Basiswerten. Dann wird das erste Element der Codefolge gelesen. Der Wert dient als Index in der Stringtabelle. Der betreffende String (der Index zeigt auf den initialisierten Teil der Tabelle) wird dann in den Ausgabestrom geschrieben. Nun wird der gelesene Code in der Variablen *<old>* gespeichert. Die WHILE-Schleife sorgt dafür, daß alle Elemente der Codefolge bearbeitet werden. Sobald ein Codeelement gelesen wird, prüft der Algorithmus, ob der Index auf einen bereits belegten Tabelleneintrag zeigt. Falls ja, wird der String in den Ausgabestrom angehängt. Anschließend wird der String aus *Tabelle[old]* in einen Zeichenpuffer übernommen und das erste Zeichen des Eintrags von *Tabelle[code]* angehängt (*[...]K*). Der neue Teilstring *[...]K* wird in der Tabelle an der ersten freien Position eingetragen. Dann muß nur noch das zuletzt gelesene Zeichen von *<code>* nach *<old>* kopiert werden.
Ist der Tabellenplatz für *<code>* noch unbelegt, muß der zugehörige String generiert werden. Hierzu wird bereits existierende String aus *Tabelle[old]* in den Puffer *[...]* kopiert. Dann wird das erste Zeichen des Puffers *[...]* in die Variable *K* kopiert und an den Puffer angehängt *[...]K*. Dieser neue String wird sowohl in die Tabelle eingetragen, als auch in den Ausgabestrom kopiert. Schließlich wird noch der Inhalt von *<code>* und *<old>* gesichert. Der Vorgang wiederholt sich solange, bis alle Eingangscodes gelesen sind. Anschließend findet sich die ursprüngliche Zeichenfolge wieder im Ausgabestrom. Das folgende Bild gibt die einzelnen Schritte der Dekomprimierung wieder.

Codesequenz	Tabelle		Ausgabestring
0 1 0 2 4 0	0	A	ABACABA
	1	B	
	2	C	
	3	D	

<code>	*<old>*	*[..]K*	Tabelle	
			4	AB
0	-	[A]B	5	BA
1	0	[B]A	6	AC
0	1	[A]C	7	CA
2	0	[C]A	8	ABA
4	2	[AB]A		
0	4			
-	0			

Aus der Codefolge *010240* wurde wieder die ursprüngliche Zeichenfolge *ABACABA* generiert. Zu Beginn der Dekodierung wird die Stringtabelle mit den Zeichen *A,B,C,D* initialisiert. Dies waren die ursprünglichen Initialisierungszeichen der Komprimierungstabelle. Während der Bearbeitung der Eingabecodes wird die komplette Zeichentabelle wieder aufgebaut. Zum Abschluß liegt dann die komplette Tabelle mit allen Einträgen der Komprimierungstabelle vor.

15.1.8.1 Modifiziertes LZW-Verfahren für GIF-Dateien

Bei der Komprimierung von GIF-Dateien gelangt das oben beschriebene Verfahren mit leichten Modifikationen zum Einsatz. Da es sich bei den Codes um Bitfolgen handelt, muß die Zahl der Bits pro Lesezugriff definiert werden. Es macht keinen Sinn, jeweils nur ein Bit (Pixel) zu lesen. Auch die Länge von 8 Bit pro Lesezugriff ist problematisch. Bei der GIF-Komprimierung wird vielmehr eine variable Codelänge verwendet, die zwischen 3 und 12 Bit lang sein darf. Im *Raster Data Block* enthält das erste Byte die Größe *Code Size*. Dieser Wert entspricht zwar der Zahl der Bits pro Pixel, der Wert wird aber als Startwert für die Codelänge interpretiert. Bei vier Bit pro Pixel wird in dem betreffenden Feld die Zahl $N=3$ gespeichert. Dies bedeutet, daß bei jedem Zugriff auf die Eingangsdaten immer $N+1=4$ Bit zu lesen sind. Während der weiteren Bearbeitung kann sich die Codelänge pro Zugriff auf 12 Bit erweitern. Sobald diese Länge erreicht wird, ist die Tabelle mit den Ausgabemustern voll, d.h. diese muß zurückgesetzt werden.

Der GIF-Komprimierer muß also eine Tabelle mit 4096 Einträgen anlegen. Zu Beginn wird diese Tabelle mit einigen Codes initialisiert. Die Größe des Initialisierungsbereichs wird dabei durch die Größe *Code Size* definiert. Bei 1 Bit pro Pixel muß $N = 2$ gesetzt werden. Dann werden die Einträge *#0* und *#1* der Tabelle initialisiert. Weiterhin werden an der Position $2**N$ und $2**N+1$ zwei Spezialcodes abgelegt. Bei $N=2$ sind dies die Positionen *#4* und *#5*. Der erste Eintrag an der Position *#4* wird als *clear code <CC>* bezeichnet. Wird dieser Eintrag bei der Dekomprimierung erkannt, muß die Tabelle neu initialisiert werden. Der Komprimierer wird diesen Code immer dann ausgeben, wenn die Tabelle voll ist. Weiterhin kann der Code als erstes Zeichen des Ausgangsstroms auftreten, um im Dekomprimierer einen Reset auszulösen. Der zweite Eintrag wird als *end of information <EOI>* bezeichnet. Er signalisiert dem Dekomprimierer, daß das Ende des Codestroms erreicht ist und keine weiteren Daten folgen.

Bei der Komprimierung/Dekomprimierung sollten neue Strings ab der Position *<CC>+2* gespeichert werden. Der Code *<CC>* wird zu Beginn der Komprimierung und bei jedem Tabellenüberlauf in den Ausgabestrom geschrieben. Dann muß der Leser die Tabelle jeweils neu initialisieren. Die variable Codelänge der zu lesenden Daten sollt kein größeres Problem sein. Bei der Komprimierung wird mit der in *code size + 1* angegebenen Größe begonnen. Immer wenn ein Code aus der Tabellenposition *(2**(Codelänge) -1)* ausgegeben wird, ist die Codelänge um 1 zu erhöhen. Dies wird solange weitergeführt, bis die Codelänge von 12 Bit erreicht ist. Dann muß die Tabelle neu initialisiert werden. Bei der Dekomprimierung beginnt man ebenfalls mit der in *code size + 1* vereinbarten Codelänge. Die Codelänge ist immer um 1 zu erhöhen, sobald der Tabelleneintrag *(2**(Codelänge) -1)* in die Ausgabe geschrieben wird. Es ist zu beachten, daß die Bits in der Codefolge mit den Bits der Stringcodes der Tabelle übereinstimmen.

15.1.9 Subblocks mit Raster-Daten

Da ein Bild in der Regel mehr als 255 Datenbytes umfaßt, werden die komprimierten Daten in einen *Raster Data Block* und mehrere (*Raster Data*) *Subblocks* unterteilt. Die Subblocks besitzen einen ähnlichen Aufbau wie der *Raster Data Block*, wobei das erste Byte (*Code Size*) fehlt. Ein Subblock beginnt mit einem Längenbyte, welches die Zahl der Folgebytes im Block definiert. Es können dann zwischen 0 und 255 Datenbytes folgen. Der Subblock kann damit maximal 256 Byte umfassen.

15.1.10 Block Terminator

Das Ende des Bilddatenbereichs wird durch einen *Terminator Block* (00h) angezeigt. Dies ist nichts anderes als ein Subblock, bei dem das Byte mit der Längenangabe auf 0 gesetzt wird. Dieser Block umfaßt dann nur das Längenbyte.

Die Blöcke *Image Descriptor*, *Local Color Map* und *Raster Data* lassen sich bei Bedarf mehrfach in einer Datei anlegen. Dies erlaubt es, mehrere Bilder in einer Datei zu speichern.

15.1.11 Der Graphic Control Extension Block (GIF89a)

Dieser Block wurde in GIF89a neu definiert und enthält zusätzliche Parameter für ein Bild. Der Block ist optional und muß nach dem *Image Descriptor Block*, aber vor dem eigentlichen *Raster Data Block* stehen. Die Daten gelten nur für das folgende (Teil-)Bild. Der Block besitzt den in folgender Liste gezeigten Aufbau.

Bytes	Bemerkungen
1	Extension Block Signatur (21h)
1	Graphic Control Label (F9h)
1	Block Size (4)
1	Flags
2	Delay Time
1	Transparent Color Index
1	Block Terminator (00h)

Das erste Byte enthält die Signatur für den *Extension Block*. Das Byte wird fest auf den Wert 21h (*entspricht !*) gesetzt.

Byte 2 enthält das *Graphic Control Label*. Dies ist nichts anderes als die Signatur für einen *Graphic Control Extension Block* und wird fest auf den Wert F9h gesetzt.

Das Feld *Block Size* gibt die Zahl der folgenden Datenbytes im Block an. Der Block Terminator wird jedoch nicht eingerechnet. Das Feld enthält bei einem *Graphic Control Extension Block* immer den Wert 4.

Das folgende Flagbyte (Offset 03h) besitzt einen Aufbau gemäß folgendem Bild:

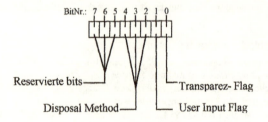

Das *Transparency Flag* signalisiert, ob das *Transparency Index-Feld* belegt ist. In diesem Fall wird das Flag auf 1 gesetzt. Ist das Flag auf 0 gesetzt, enthält das *Transparency Index-Feld* keinen gültigen Wert.

Das *User Input Flag* definiert, ob auf eine Benutzereingabe nach der Ausgabe des Bildes gewartet wird. Ist das Flag auf 1 gesetzt, wird die Bearbeitung erst nach einer Benutzereingabe fortgesetzt. Die Art der Benutzereingabe (*Return, Mausklick etc.*) wird durch die Anwendung definiert. Ist eine Verzögerungszeit (*Delay Time*) definiert, wird die Bearbeitung nach dieser Wartezeit auch ohne Benutzereingabe fortgesetzt.

Die *Disposal-Methode* definiert, was mit der Grafik nach der Ausgabe passiert. Hierbei gibt es folgende Möglichkeiten:

0	No disposal specified
1	Do not dispose
2	Restore to background color
3	Restore to previous

Bei der Option 1 bleibt die Grafik erhalten. Beim Code 2 ist der Bereich der Grafik auf die Hintergrundfarbe zu setzen. Beim Code 3 ist die vorherige Einstellung zu restaurieren. Alle anderen Werte sind undefiniert.

Das Feld *Delay Time* ist als vorzeichenlose Zahl (*unsigned Word*) definiert. Ist das *User Flag* gesetzt, definiert dieses Feld die Wartezeit in 1/100 Sekunden, ab der die Weiterbearbeitung der Datenfolge wieder aufgenommen wird. Diese Wartezeit kann durch eine Benutzereingabe abgebrochen werden. Die Wartezeit beginnt sofort nach der Ausgabe der Grafik.

Im Feld *Transparency Index* findet sich ein Bytewert. Tritt dieser Bytewert im Datenstrom für die Grafik auf, ist der betreffende Bildpunkt nicht auszugeben. Der Decoder kann zum nächsten Bildpunkt weitergehen. Hierdurch bleibt der Bildschirmhintergrund erhalten. Dieser Index ist nur dann gültig, falls das *Transparency Flag* gesetzt ist.

Das letzte Byte dient als *Block Terminator* und besitzt den Wert 00h. Dieses Byte wird in der Längenangabe des Extension Blocks nicht berücksichtigt. Im Grunde genommen handelt es sich um einen leeren Block, der generell das Ende mehrerer Subblocks definiert.

15.1.12 Der Comment Extension Block (GIF89a)

Dieser optionale Block ist ebenfalls erst ab GIF89a definiert und kann Kommentare zur GIF-Datei (z.B. Autor, Credits, etc.) enthalten. Der Block darf an jeder Stelle in der GIF-Datei auftreten, an der ein Block beginnen kann. Er sollte jedoch nicht zwischen Subblocks eingefügt werden. Es empfiehlt sich, den Block zu Beginn oder am Ende der GIF-Datei einzufügen. Der Inhalt des Blocks besitzt keinen Einfluß auf die GIF-Bilder. Folgende Tabelle gibt den Aufbau des Blocks wieder.

Bytes	Bemerkungen
1	Extension Block Signatur (21h)
1	Comment Labe (FEH)
1	Block Size
n	Kommentar als Subblocks mit 1 Länge Subblocks n Datenbereich Subblock
1	Block Terminator (00h)

Das erste Byte enthält die Signatur für den *Extension Block*. Das Byte wird fest auf den Wert 21 h (entspricht !) gesetzt.
Das zweite Byte enthält die Signatur für den *Comment Extension Block* und wird immer mit dem Code FEH belegt.

An diese Signatur schließt sich eine Sequenz von Subblocks mit dem eigentlichen Kommentartext an. Jeder Subblock enthält im ersten Byte die Zahl der folgenden Datenbytes. An dieses Byte schließen sich zwischen 0 und 255 Datenbytes an. Ist der Kommentarstring länger als ein Block, wird er auf mehrere Subblocks aufgeteilt. Das Ende des *Comment Extension Blocks* wird durch einen Terminator markiert. Hierbei handelt es sich um einen Subblock mit einem Byte Länge, der den Wert 00h enthält.

Der Kommentarstring sollte mit 7-Bit-ASCII-Zeichen erstellt werden. Eine Darstellung multilingualer Zeichen (*ä, ö ,ü etc.*) ist nicht vorgesehen. Der Inhalt des Blocks sollte nicht zur Speicherung von Dekodierinformationen benutzt werden, d.h. der Decoder kann den Block übergehen.

15.1.13 Der Plain Text Extension Block (GIF89a)

Dieser optionale Block ist ebenfalls erst ab GIF89a definiert und kann Texte und Parameter zur grafischen Darstellung dieser Texte enthalten. Die nachstehende Tabelle gibt den Aufbau des Blocks wieder.

Bytes	Bemerkungen
1	Extension Block Signatur (21h)
1	Plain Text (01h)
1	Block Size
2	Text Grid Left Position
2	Text Grid Top Position
2	Text Grid Width
2	Text Grid Height
1	Character Cell Width
1	Character Cell Height
1	Text Foreground Color
1	Text Background Color
n	Sequenz von Text Subblocks mit 1 Byte Länge Subblock n Byte Subblock mit Text
1	Block Terminator (00h)

Das erste Byte enthält die Signatur für den *Extension Block*. Das Byte wird fest auf den Wert 21h /entspricht !) gesetzt.

Das zweite Byte enthält die Signatur für den *Plain Text Extension Block* und wird immer mit dem Code 01h belegt.

Das dritte Byte enthält die Längenangabe für den folgenden Datenbereich. Beim *Plain Text Extension Block* wird dieser Wert fest auf 12 (*0Ch*) gesetzt. Der Text wird dann in Subblocks mit eigenen Längenangaben gespeichert.

Ab Offset 03h vom Blockanfang beginnt eine Sequenz von Feldern, die als unsigned Word interpretiert werden. Das erste Feld definiert den linken Rand (*Column number*) für das Gitter zur Textausgabe. Die Position wird dabei in Pixel von linken Fensterrand definiert.
Das folgende Feld legt die obere Gitterposition (*Row number*) für die Textausgabe in Pixel fest und bezieht sich ebenfalls auf den logischen Bildschirm.

Das Feld *Character Cell Width* definiert die Breit einer Gitterzelle in Pixel. Diese Gitterzelle dient zur Aufnahme eines Zeichens. In *Character Cell Height* wird die Höhe einer Gitterzelle definiert. Auch dieser Wert wird als unsigned Word angegeben. Der Decoder muß diese Werte auf die Abmessungen des virtuellen Bildschirms umrechnen, wobei das Ergebnis nur ganzzahlig sein darf.

Die letzten beiden Felder belegen jeweils nur ein Byte und geben den Farbwert (Index in die Farbpalette) für die Vordergrund- und Hintergrundfarbe des Textes an.

Der eigentliche Text wird in einer Sequenz von Subblocks gespeichert. Diese Subblocks schließen sich direkt an die obige Struktur an. Jeder Subblock enthält im ersten Byte die Zahl der folgenden Datenbytes. An dieses Byte schließen sich zwischen 0 und 255 Datenbytes mit dem auszugebenden Text an. Ist der Text länger als ein Block, wird er auf mehrere Subblock aufgeteilt. Das Ende des *Plain Text Extension Blocks* wird durch einen Terminator markiert. Hierbei handelt es sich um einen Subblock mit einem Byte Länge, der den Wert 00h enthält.

Zur Ausgabe des Textes wird ein Gittermuster (*grid fo character cells*) definiert, wobei jede Gitterzelle ein einzelnes Zeichen aufnimmt. Die Parameter für das Gittermuster finden sich im *Plain Text Extension Block*. Der Decoder muß die Parameter so umsetzen, daß die Gitterabmessungen Ganzzahlen (Integer) ergeben. Ein auftretender Nachkommaanteil ist abzuschneiden. Aus Kompatibilitätsgründen sollten die Zellabmessungen mit 8x8 oder 8x16 Punkten (*Breite • Höhe*) gewählt werden.

Die einzelnen Zeichen sind sequentiell zu lesen und beginnend in der oberen linken Ecke des Gitters zeilenweise in die einzelnen Zellen einzutragen. Zur Anzeige ist der bestmögliche *Monospace*-Font mit der passenden Größe vom Decoder zu wählen. Der auszugebende Text muß mit 7-Bit-ASCII-Zeichen kodiert werden. Eine Darstellung multilingualer *Zeichen (ä, ö, ü etc.)* ist nicht vorgesehen. Treten Zeichencodes unterhalb 20h und oberhalb 7fh auf, muß der Decoder ein Leerzeichen (*Space, 20h*) ausgeben.

15.1.14 Der Application Extension Block (GIF89a)

Dieser optionale Block wurde erst in GIF89a definiert. Der Block dient zur Aufnahme anwendungsspezifischer Informationen. Der Block hat folgenden Aufbau:

Bytes	Bemerkungen
1	Extension Block Signatur (21h)
1	Application Extension (ffh)
1	Block Size 11
8	Application Identifier
3	Application Authentication Code
n	Sequenz von Subblocks mit 1 Byte Länge Subblock n Byte Daten Subblock
1	Block Terminator (00h)

Das erste Byte enthält die Signatur für den *Extension Block*. Das Byte wird fest auf den Wert 21h (entspricht !) gesetzt.

Das zweite Byte enthält die Signatur für den *Application Extension Block* und wird immer mit dem Code FFH belegt.

Das dritte Byte enthält die Längenangabe für den folgenden Datenbereich. Beim *Application Extension Block* wird dieser Wert fest auf 11 (*0Bh*) gesetzt. Die eigentlichen Parameter werden dann in Subblocks mit eigenen Längenangaben gespeichert.

Ab Offset 03h folgen 8 Byte mit dem *Application Identifer*. Dieser Identifer muß aus druckbaren ASCII-Zeichen bestehen und dient zur Bezeichnung der Anwendung, die die Daten erzeugt hat.

Anschließend folgen drei Byte für den *Application Authentication Code*. Hier kann ein Binärcode gespeichert werden, der durch die Anwendung berechnet wird. Damit ist eine eindeutige Identifizierung der erzeugenden Anwendung möglich.

An dieses Feld schließen sich die Subblocks mit den anwendungsspezifischen Daten an. Jeder Subblock beginnt mit einem Längenbyte, gefolgt von bis zu 255 Datenbytes. Der letzte Block enthält nur das Längenbyte mit dem Wert 00h und dient als Terminator.

15.1.15 Der GIF-Terminator

Der Abschluß einer GIF-Datei wird durch einen *Terminator Block* markiert. Hierbei handelt es sich wieder um einen 1-Byte-Block. Dieses Byte enthält eine Semikolon (*Code 3Bh*) als Terminator.

15.2 Ausschnitte aus einem Vorlesungsmanuskript

Für die kommende Ankündigung der Vorlesung „Informations- und Codierungstheorie, in der es um Kryptographie, Kryptoanalyse und verschiedene Verfahren geht, sind nachfolgend ein Auszug aus diesem Skript aufbereitet ins WWW gestellt worden.

Dieser Manuskript-Auszug wurde unter WinWord erstellt und mittels InternetAssistant von WinWord aus in HTML umgewandelt und nachbereitet.

Die Ausdrucke erfolgten als DOC-Datei von WinWord aus, der zweite Ausdruck erfolgte vom WWW-Browser Netscape 3.01 GOLD aus auf einem PC.

15.2.1 Informations- & Codierungstheorie von WinWord ausgedruckt

15.2.2 Informations- & Codierungstheorie vom WWW-Browser ausgedruckt

Auszug aus dem Skript
Informations- & Codierungstheorie

Hinweis:
Dieses Auszug des Skriptes ist auf dem Internet mit Applets unter
`http://www.ti.fht-esslingen.de/tis3thpe/Diplomarbeit/Kryptographie/inf-cod.htm`
abgelegt.
Der **Ausdruck** vom Internet mit Ersatzbildern anstelle der Applets ist ebenfalls möglich, wenn zuvor im
WWW-Browser (**z.B. Netscape**) in Security **disable JAVA** selektiert wird.

für's WWW aufbereitet und ergänzt von Thomas Petersen im Rahmen seiner Diplomarbeit

1.3 Einfache Chiffrierschritte

Im folgenden werden einfache Chiffrierschritte vorgestellt. Diese stammen aus der klassischen Kryptographie. Moderne Verschlüsselungsverfahren kombinieren diese einfacheren Chiffrierschritte zu komplexeren Algorithmen. Sie treten also dort wieder in Erscheinung.

Man unterteilt die einfachen Chiffrierschritte in die zwei Klassen:

1. Chiffrierung durch Substitution und
2. Chiffrierung durch Transposition.

1.3.1 Chiffrierung durch Substitution

Bei der Substitution wird eines oder mehrere Klartextzeichen durch eines oder mehrere Geheimtextzeichen ersetzt. Mathematisch kann der Chiffrierungstext folgendermaßen angegeben werden (2):

$$\varepsilon_{k_i} : \ M^{(\mu_i)} \rightarrow C^{\gamma_i} \qquad (1.1)$$

Es gibt viele Varianten einer Chiffrierung durch Substitution. Man kann diese Varianten grob wie folgt charakterisieren:

- Einfache oder monoalphabetische Substitution
  Ein Klartextzeichen wird durch ein oder mehrere Geheimtextzeichen eines Alphabetes ersetzt.

$$\varepsilon: \ M^{(1)} \rightarrow C^{\gamma}, |\varepsilon| = 1 \qquad (1.2)$$

- Homophone Substitution
  Die homophone Substitution versucht die typische Häufigkeitsverteilung der Klartextzeichen auszugleichen und eine Gleichverteilung anzustreben. Dadurch wird die unbefugte Dechiffrierung erschwert. Dieses gelingt, wenn häufig auftretende Klartextzeichen auf verschiedene Geheimtextzeichen abgebildet werden.

$$\varepsilon: \ M^{(1)} \rightarrow C^{\gamma}, \ \left|M^{(1)}\right| < \left|C^{(\gamma)}\right| \qquad (1.3)$$

- Polyalphabetische Substitution
  Bei einer polyalphabetischen Substitution wird in jedem Chiffrierschritt ein anderes Alphabet verwendet. Welches Alphabet zu nehmen ist, wird durch einen Schlüssel festgelegt.

$$\varepsilon_{k_i} : \ M^{(1)} \rightarrow C^{\gamma}, \ |\varepsilon| > 1 \qquad (1.4)$$

- Polygraphische Substitution
  Bei einer polygraphischen Substitution werden Blöcke von Klartextzeichen der Größe μ zu Gruppen von Geheimtextzeichen der Größe γ verschlüsselt.

$$\varepsilon: \ M^{(\mu)} \rightarrow C^{(\gamma)} \qquad (1.5)$$

1.3.2 Chiffrierung durch Transposition

Bei der Chiffrierung durch Transposition werden die Zeichen des Klartextes nach einem bestimmten Schema umpositioniert (permutiert). Dabei wird der Klartext horizontal in einer festgelegten Zeilenbreite angeschrieben und anschließen vertikal abgelesen. Der Klartext bleibt im Prinzig erhalten. Die Chiffrierung entsteht durch Verwürfelung der Zeichenpositionen. Auch bei der Chiffrierung durch Transposition gibt es mehrere Varianten, die folgendermaßen unterteilt werden können:

- Einfache Spaltentransposition
  Der Klartext wird entsprechen einer festgelegten Zeilenlänge angeordnet. Anschließend werden die Spalten nach einem festen Schema vertauscht und der resultierende Text vertikal abgelesen.

1.3.3 Chiffrierung (=Verschlüsselung) durch Transposition

```
bspw.: Zeilenlänge auf 30 Zeichen pro Zeile begrentz

infache Spaltentransposition
it festgelegter Zeilenlänge Z
ilenlänge anordnen und dann v
rtikal (spaltenweise) herausn
hmen und horizontal wieder an
inanderreihen
```

Spaltenweise

horizontal anordnen

Transpo.GIF erstellt von Thomas Petersen 11.4.1997 im Rahmen der Diplomarbeit

chiffrierte Ausgabe

```
        iiirhintltmnf eieaafnknncela dhsälueetn nr gg(drSees
epl phiaeaaohlgnlrettotineerez nrdno t nwn rZeet aenia ni
sl slue  pen)w ond i sl he iäded tnare ignar oenu  n   sa
Zvnn
```

Applet:
http://www.ti.fht-esslingen.de/~tis3thpe/Diplomarbeit/Kryptographie/inf-cod.htm#spaltranspo

- Mehrfache Spaltentransposition
  Bei einer mehrfachen Spaltentransposition wird das Schema der einfachen Spaltentransposition mehrfach wiederholt.

- Gemischte Zeilen-Spalten-Transposition
  Bei der gemischten Zeilen-Spalten-Transposition werden nicht nur die Spalten permutiert, sondern auch anschließen die Zeilen.

Eine Chiffrierung durch Transposition kann mathematisch mit Hilfe von Permutationsmatrizen beschrieben werden.

1.4 Beispiele für Verschlüsselungsverfahren

Im folgenden werden einige typische Beispiele von Verschlüsselungsverfahren angegeben. Da sie aus der klassischen Kryptographie stammen, sind sie textorientiert und bereits sehr alt. Die nachfolgenden Verschlüsselungsverfahren zeigen nur einen kleinen Ausschnitt vieler möglichen Varianten auf. Dem Erfindergeist sind hier keine Grenzen gesetzt.

1.4.1. Beispiel Julius-Caesar-Chiffrierung

Die Caesar-Chiffrierung benutzt den im Alphabet um drei Stellen zyklisch nach rechts versetzten Buchstaben. Klartext- und Geheimtextalphabet haben das folgende Aussehen:

Klartext	a b c d e f g h i j k l m n o p q r s t u v w x y z
Geheimtext	D E F G H I J K L M N O P Q R S T U V W X Y Z A B C

Es handelt sich um eine monoalphabetische Substitution.

$$\varepsilon:\ M^{(\mu)} \rightarrow C^{\gamma}$$ (1.6)

Die Chiffriervorschrift (Relation ε) kann durch Addition modulo 26 angegeben werden. Zur Position des Klartextzeichen wird die Zahl 3 addiert und das Ergebnis modulo 26 reduziert.

1.4.2. Beispiel Monoalphabetische Substitution mit Schlüssel

Der Schlüssel besteht aus zwei Komponenten , einem Schlüsselwort und einem Schlüsselbuchstaben. Der Schlüsselbuchstabe gibt die Position des Schlüsselwortes im Geheimtextalphabet an. Man schreibt dazu das Schlüsselwort beginnend ab der durch den Schlüsselbuchstaben festgelegten Position und setzt die restlichen Buchstaben in alphabetischer Reihenfolge zyklisch fort. Dabei werden die im Schlüsselwort bereits enthaltenen natürlich nicht nochmals verwendet. Treten im Schlüsselwort Buchstaben mehrfach auf, so werden ab dem zweiten Auftreten diese einfach gestrichen. Wählt man beispielsweise das Schlüsselwort „Kryptoanalyse" und den Schlüsselbuchsten „f", so wird zunächst aus dem Schlüsselwort „Kryptoanlse", da der Buchstaben „a" und „y" mehrfach auftreten. Es ergeben sich dann die Alphabete:

Klartext	a b c d e f g h i j k l m n o p q r s t u v w x y z
Geheimtext	U V W X Z K R Y P T O A N L S E B C D F G H I J M Q

Dem Empfänger muß auf sicherem Wege der Schlüssel mitgeteilt werden.

1.4.3. Beispiel Kauffmann's-Chiffrierung

Zur Kennzeichnung des Einkaufspreises und des Datums auf Artikeln kann man die zehn Dezimalziffern durch ein Schlüsselwort codieren. Beispielsweise wurde für das Verpackungsdatum von Butter über Jahre hinweg das Schlüsselwort

Klartext	0 1 2 3 4 5 6 7 8 9
Geheimtext	M I L C H P R O B E

verwendet. Es handelt sich um eine monoalphabetische Substitution.

1.4.4. Beispiel Bipartite monoalphabetische Substitution, Klopf-Code

Die bipartite monoalphabetische Substitution ist ein sehr altes Verfahren. Die moderne Variante hat sich bis heute in Haftanstalten gehalten und wird als internationaler Klopf-Code bezeichnet. Die Übertragungsgeschwindigkeit beträgt etwa 10 bis 15 Wörter pro Minute.

Das Klartextalphabet wird dazu quadratisch angeordnet und die oberste Zeile und die erste Spalte mit Ziffern versehen. Diese bilden das Geheimtextalphabet.

Klopf-Code	1	2	3	4	5
1	a	b	c	d	e
2	f	g	h	i	k
3	l	m	n	o	p
4	q	r	s	t	u
5	v	w	x	y	z

Die Bipartite monoalphabetische Chiffrierung (Klopfcode) kann durch die Relation

$$\varepsilon: M \to C^2 \qquad (1.7)$$

beschrieben werden.

1.4. 5. Beispiel Homophone Substitution

Läßt sich die natürliche Häufigkeitsverteilung der Klartextzeichen auch im Geheimtext feststellen, so ist das Brechen der Chiffrierung sehr vereinfacht. Bei der homophonen Substitution wird deshalb versucht, die typischen Häufigkeiten der Klartextzeichen zu verschleiern. Dieses läßt sich erreichen, wenn alle Geheimtextzeichen mit der gleichen Häufigkeit auftreten. Dazu werden den häufig auftretenden Klartextzeichen mehrere Geheimtextzeichen zugeordnet. Anhang A tabelliert die Häufigkeitsverteilung der Buchstaben der deutschen Sprache Ein Beispiel für eine homophone Chiffrierung zeigt die folgende Tabelle:

```
Klartext | Geheimtext
a        | 10 21 52 59 71
b        | 20 34
c        | 28 06 80
d        | 04 19 70 81 87
e        | 09 18 33 38 40 53 54 55 60 66 75 85 86 92 93 99
f        | 00 41
g        | 08 12 97
h        | 07 24 47 89
i        | 14 39 46 50 65 76 88 94
j        | 57
k        | 23
l        | 16 03 84
m        | 27 11 49
n        | 30 35 43 62 63 67 68 72 77 79
o        | 02 05 82
p        | 31
q        | 25
r        | 17 36 51 69 74 78 83
s        | 15 26 45 56 61 73 96
t        | 13 32 90 91 95 98
u        | 29 01 58
v        | 37
w        | 22
x        | 44
y        | 48
z        | 64
```

Es handelt sich um eine monoalphabetische Substitution. Die Mächtigkeit der Mengen der Geheimtextzeichen ist hier größer als die Mächtigkeit der Menge der Klartextzeichen.

$$\varepsilon: M \to C \;,|M| < |C|$$ (1.8)

1.4. 6. Beispiel Vigenère-Chiffrierung

Die Vigenère-Chiffrierung wurde im Jahre 1586 von dem französischen Diplomaten <u>Blais de Vigenère</u> veröffentlicht.

- *Anstatt nur ein einziges Geheimtextalphabet zu verwenden, verwendet man mehrere im Wechsel, abhängig von dem gerade zu verschlüsselnden Klartextzeichen.*
- *Die 26 einzelnen Alphabete des sogenannten* **Vigenère-Quadrat** *sind jeweils um einen Buchstaben zyklisch nach links verschoben.*
- *Welches Geheimtext-Alphabet gerade zu verwenden ist, wird durch ein selbst-definiertes Schlüsselwort festgelegt. Diese müssen mit den Buchstaben der 1. Spalte des Vigenère-Quadrats übereinstimmen.*
- *Ist die Nachricht länger als das gewählte Schlüsselwort, wird das Schlüsselwort periodisch wiederholt.*
- *Es wird nicht zwischen Klein- und Groß-Buchstaben unterschieden*

Die Vigenère-Chiffrierung ist der Prototyp einer Reihe von Algorithmen, die professionell bis in unser Jahrhundert benutzt wurden. Die Anordnung der 26 Geheimtext-Alphabete (einzelne Zeilen, siehe unten) wird als das Vigenère-Quadrat bezeichnet.

```
a b c d e f g h i j k l m n o p q r s t u v w x y z

A B C D E F G H I J K L M N O P Q R S T U V W X Y Z
B C D E F G H I J K L M N O P Q R S T U V W X Y Z A
C D E F G H I J K L M N O P Q R S T U V W X Y Z A B
D E F G H I J K L M N O P Q R S T U V W X Y Z A B C
E F G H I J K L M N O P Q R S T U V W X Y Z A B C D
F G H I J K L M N O P Q R S T U V W X Y Z A B C D E
G H I J K L M N O P Q R S T U V W X Y Z A B C D E F
H I J K L M N O P Q R S T U V W X Y Z A B C D E F G
I J K L M N O P Q R S T U V W X Y Z A B C D E F G H
J K L M N O P Q R S T U V W X Y Z A B C D E F G H I
K L M N O P Q R S T U V W X Y Z A B C D E F G H I J
L M N O P Q R S T U V W X Y Z A B C D E F G H I J K
M N O P Q R S T U V W X Y Z A B C D E F G H I J K L
N O P Q R S T U V W X Y Z A B C D E F G H I J K L M
O P Q R S T U V W X Y Z A B C D E F G H I J K L M N
P Q R S T U V W X Y Z A B C D E F G H I J K L M N O
Q R S T U V W X Y Z A B C D E F G H I J K L M N O P
R S T U V W X Y Z A B C D E F G H I J K L M N O P Q
S T U V W X Y Z A B C D E F G H I J K L M N O P Q R
T U V W X Y Z A B C D E F G H I J K L M N O P Q R S
U V W X Y Z A B C D E F G H I J K L M N O P Q R S T
V W X Y Z A B C D E F G H I J K L M N O P Q R S T U
W X Y Z A B C D E F G H I J K L M N O P Q R S T U V
X Y Z A B C D E F G H I J K L M N O P Q R S T U V W
Y Z A B C D E F G H I J K L M N O P Q R S T U V W X
Z A B C D E F G H I J K L M N O P Q R S T U V W X Y
```

Diese Form der Chiffrierung kann durch die Relation

$$\varepsilon_{k_i}: M \to C^2 \ , \ |\varepsilon| > 1$$

(1.9)

beschrieben werden.

1.4. 6. a) Schrittweise Anwendung der Vigenere-Chiffrierung anhand eines konkreten Beispiels

Schlüsselwort zu verschlüss-
elnder Text:

```
                A B C D E F G H I J K L M N O P Q R S T U V W X Y Z
                B C D E F G H I J K L M N O P Q R S T U V W X Y Z A
G E H E I M     C D E F G H I J K L M N O P Q R S T U V W X Y Z A B
                D E F G H I J K L M N O P Q R S T U V W X Y Z A B C
E               E F G H I J K L M N O P Q R S T U V W X Y Z A B C D
   E            F G H I J K L M N O P Q R S T U V W X Y Z A B C D E
G               G H I J K L M N O P Q R S T U V W X Y Z A B C D E F
   H            H I J K L M N O P Q R S T U V W X Y Z A B C D E F G
      I         I J K L M N O P Q R S T U V W X Y Z A B C D E F G H
                J K L M N O P Q R S T U V W X Y Z A B C D E F G H I
                K L M N O P Q R S T U V W X Y Z A B C D E F G H I J
                L M N O P Q R S T U V W X Y Z A B C D E F G H I J K
      M         M N O P Q R S T U V W X Y Z A B C D E F G H I J K L
                N O P Q R S T U V W X Y Z A B C D E F G H I J K L M
G E H E I M     O P Q R S T U V W X Y Z A B C D E F G H I J K L M N
                P Q R S T U V W X Y Z A B C D E F G H I J K L M N O
                Q R S T U V W X Y Z A B C D E F G H I J K L M N O P
                R S T U V W X Y Z A B C D E F G H I J K L M N O P Q
                S T U V W X Y Z A B C D E F G H I J K L M N O P Q R
                T U V W X Y Z A B C D E F G H I J K L M N O P Q R S
                U V W X Y Z A B C D E F G H I J K L M N O P Q R S T
                V W X Y Z A B C D E F G H I J K L M N O P Q R S T U
```

verschlüsselter Text: L M S Q Z Q Y X

Applet:
http://www.ti.fht-esslingen.de/~tis3thpe/Diplomarbeit/Kryptographie/inf-cod.htm#vigenere1

1.4. 6. b) Weiteres Konkretes Beispiel zur Vigenère-Chiffrierung zum selbst Nachvollziehen

Der zu verschlüsselnde Klartext „*Durch Sagen und Wiedersagen wird ein Geheimnis durch die Stadt getragen*" soll mit dem Schlüsselwort „*GEHEIM*" chiffriert werden.

Schlüssel	G E H E I	M g e h e	i m G	E H E I M g h e i m G	E H E I	M g e
Klartext	D u r c h	S a g e n	u n d	W i e d e r s a g e n	w i r d	e i n
Geheimtext	J Y Y G P	E G K L R	C Z J	A P I L Q X W H K M Z	C M Y H	M U T

Schlüssel	h e i m G E H E I	M g e h e	i m G	E H E I M	g e h e i m G E
Klartext	G e h e i m n i s	d u r c h	d i e	S t a d t	g e t r a g e n
Geheimtext	K L L M U S R P W	L G X G O	H Q Q	Y X H H B	S K X Y E O Q T

Formelverzeichnis der Relationen

Stichwortverzeichnis

zum Inhaltsverzeichnis am Anfang dieses Dokumentes

Auszug aus dem Skript

Informations- & Codierungstheorie

Hinweis:

Dieses Auszug des Skriptes ist auf dem Internet mit Applets unter

http://www.ti.fht-esslingen.de/tis3thpe/Diplomarbeit/Kryptographie/inf-cod.htm

abgelegt.

Der **Ausdruck** vom Internet mit Ersatzbildern anstelle der Applets ist ebenfalls möglich, wenn zuvor im WWW-Browser (**z.B. Netscape**) in Security **disable JAVA** selektiert wird.

für's WWW aufbereitet und ergänzt von Thomas Petersen im Rahmen seiner Diplomarbeit

1.3 Einfache Chiffrierschritte

Im folgenden werden einfache Chiffrierschritte vorgestellt. Diese stammen aus der klassischen Kryptographie. Moderne Verschlüsselungsverfahren kombinieren diese einfacheren Chiffrierschritte zu komplexeren Algorithmen. Sie treten also dort wieder in Erscheinung.

Man unterteilt die einfachen Chiffrierschritte in die zwei Klassen:

1. Chiffrierung durch Substitution und
2. Chiffrierung durch Transposition.

1.3.1 Chiffrierung durch Substitution

Bei der Substitution wird eines oder mehrere Klartextzeichen durch eines oder mehrere Geheimtextzeichen ersetzt. Mathematisch kann der Chiffrierungstext folgendermaßen angegeben werden (2):

$$\varepsilon_{k_i}: \ M^{(\mu)} \to C^{\gamma_i} \tag{1.1}$$

Es gibt viele Varianten einer Chiffrierung durch Substitution. Man kann diese Varianten grob wie folgt charakterisieren:

- Einfache oder monoalphabetische Substitution
  Ein Klartextzeichen wird durch ein oder mehrere Geheimtextzeichen eines Alphabetes ersetzt.

$$\varepsilon: \ M^{(1)} \to C^{\gamma}, |\varepsilon| = 1 \tag{1.2}$$

- Homophone Substitution
  Die homophone Substitution versucht die typische Häufigkeitsverteilung der Klartextzeichen auszugleichen und eine Gleichverteilung anzustreben. Dadurch wird die unbefugte Dechiffrierung erschwert. Dieses gelingt, wenn häufig auftretende Klartextzeichen auf verschiedene Geheimtextzeichen abgebildet werden.

$$\varepsilon: \ M^{(1)} \to C^{\gamma}, \ \left|M^{(1)}\right| < \left|C^{(\gamma)}\right| \tag{1.3}$$

- Poly*alphabetische* Substitution
  Bei einer polyalphabetischen Substitution wird in jedem Chiffrierschritt ein anderes Alphabet verwendet. Welches Alphabet zu nehmen ist, wird durch einen Schlüssel festgelegt.

$$\varepsilon_{k_i}: \ M^{(1)} \to C^{\gamma}, \ |\varepsilon| > 1 \tag{1.4}$$

- Poly*graphische* Substitution
  Bei einer polygraphischen Substitution werden Blöcke von Klartextzeichen der Größe μ zu Gruppen von Geheimtextzeichen der Größe γ verschlüsselt.

$$\varepsilon: \ M^{(\mu)} \to C^{(r)} \tag{1.5}$$

1.3.2 Chiffrierung durch Transposition

Bei der Chiffrierung durch Transposition werden die Zeichen des Klartextes nach einem bestimmten Schema umpositioniert (permutiert). Dabei wird der Klartext horizontal in einer festgelegten Zeilenbreite angeschrieben und anschließen vertikal abgelesen. Der Klartext bleibt im Prinzig erhalten. Die Chiffrierung entsteht durch Verwürfelung der Zeichenpositionen. Auch bei der Chiffrierung durch Transposition gibt es mehrere Varianten, die folgendermaßen unterteilt werden können:

- Einfache Spaltentransposition
  Der Klartext wird entsprechen einer festgelegten Zeilenlänge angeordnet. Anschließend werden die Spalten nach einem festen Schema vertauscht und der resultierende Text vertikal abgelesen.

Spaltenweise vertikale Zeichenfolge horizontal anordnen

bspw.: Zeilenlänge auf 30 Zeichen pro Zeile begrentz

```
einfache Spaltentransposition
mit festgelegter Zeilenlänge Z
eilenlänge anordnen und dann v
ertikal (spaltenweise) herausn
ehmen und horizontal wieder an
einanderreihen
```

chiffrierte Ausgabe

```
emeeeeiiirhin       f eieaafnknncela dhsälueetn nr gg(drSees
epl phiaeaaohlgnlrettotineerez nrdno t nwn rZeet aenia ni
sl slue pen)w ond i sl he iäded tnare ignar oenu n sa
Zvnn
```

[keine ineraktive JAVA-SlideShow, da Ihr Browser JAVA nicht interpretiert !]

Applet:

http://www.ti.fht-esslingen.de/tis3thpe/Diplomarbeit/Kryptographie/inf-cod.htm#spaltranspo

- Mehrfache Spaltentransposition
  Bei einer mehrfachen Spaltentransposition wird das Schema der einfachen Spaltentransposition mehrfach wiederholt.

- Gemischte Zeilen-Spalten-Transposition
  Bei der gemischten Zeilen-Spalten-Transposition werden nicht nur die Spalten permutiert, sondern auch anschließen die Zeilen.

Eine Chiffrierung durch Transposition kann mathematisch mit Hilfe von Permutationsmatrizen beschrieben werden.

1.4 Beispiele für Verschlüsselungsverfahren

Im folgenden werden einige typische Beispiele von Verschlüsselungsverfahren angegeben. Da sie aus der klassischen Kryptographie stammen, sind sie textorientiert und bereits sehr alt. Die nachfolgenden Verschlüsselungsverfahren zeigen nur einen kleinen Ausschnitt vieler möglichen Varianten auf. Dem Erfindergeist sind hier keine Grenzen gesetzt.

1.4.1. Beispiel .Julius-Caesar-Chiffrierung

Die Caesar-Chiffrierung benutzt den im Alphabet um drei Stellen zyklisch nach rechts versetzten Buchstaben. Klartext- und Geheimtextalphabet haben das folgende Aussehen:

Klartext   a b c d e f g h i j k l m n o p q r s t u v w x y z

Geheimtext   D E F G H I J K L M N O P Q R S T U V W X Y Z A B C

Es handelt sich um eine monoalphabetische Substitution.

$$\varepsilon: \ M^{(\mu)} \rightarrow C^{t} \qquad\qquad (1.6)$$

Die Chiffriervorschrift (Relation ε) kann durch Addition modulo 26 angegeben werden. Zur Position des Klartextzeichen wird die Zahl 3 addiert und das Ergebnis modulo 26 reduziert.

1.4.2. Beispiel Monoalphabetische Substitution mit Schlüssel

Der Schlüssel besteht aus zwei Komponenten , einem Schlüsselwort und einem Schlüsselbuchstaben. Der Schlüsselbuchstabe gibt die Position des Schlüsselwortes im Geheimtextalphabet an. Man schreibt dazu das Schlüsselwort beginnend ab der durch den Schlüsselbuchstaben festgelegten Position und setzt die restlichen Buchstaben in alphabetischer Reihenfolge zyklisch fort. Dabei werden die im Schlüsselwort bereits enthaltenen natürlich nicht nochmals verwendet. Treten im Schlüsselwort Buchstaben mehrfach auf, so werden ab dem zweiten Auftreten diese einfach gestrichen. Wählt man beispielsweise das Schlüsselwort "Kryptoanalyse" und den Schlüsselbuchsten "f", so wird zunächst aus dem Schlüsselwort "Kryptoanlse", da der Buchstaben "a" und "y" mehrfach auftreten. Es ergeben sich dann die Alphabete:

Klartext   a b c d e f g h i j k l m n o p q r s t u v w x y z

Geheimtext   U V W X Z K R Y P T O A N L S E B C D F G H I J M Q

Dem Empfänger muß auf sicherem Wege der Schlüssel mitgeteilt werden.

1.4.3. Beispiel Kauffmann's-Chiffrierung

Zur Kennzeichnung des Einkaufspreises und des Datums auf Artikeln kann man die zehn Dezimalziffern durch ein Schlüsselwort codieren. Beispielsweise wurde für das Verpackungsdatum von Butter über Jahre hinweg das Schlüsselwort

Klartext   0 1 2 3 4 5 6 7 8 9

Geheimtext   M I L C H P R O B E

verwendet. Es handelt sich um eine monoalphabetische Substitution.

1.4.4. Beispiel Bipartite monoalphabetische Substitution, Klopf-Code

Die bipartite monoalphabetische Substitution ist ein sehr altes Verfahren. Die moderne Variante hat sich bis heute in Haftanstalten gehalten und wird als internationaler Klopf-Code bezeichnet. Die

Das Klartextalphabet wird dazu quadratisch angeordnet und die oberste Zeile und die erste Spalte mit Ziffern versehen. Diese bilden das Geheimtextalphabet.

Klopf-Code	1	2	3	4	5
1	a	b	c	d	e
2	f	g	h	i	k
3	l	m	n	o	p
4	q	r	s	t	u
5	v	w	x	y	z

Die Bipartite monoalphabetische Chiffrierung (Klopfcode) kann durch die Relation

$$\varepsilon: M \rightarrow C^2 \qquad (1.7)$$

beschrieben werden.

1.4. 5. Beispiel Homophone Substitution

Läßt sich die natürliche Häufigkeitsverteilung der Klartextzeichen auch im Geheimtext feststellen, so ist das Brechen der Chiffrierung sehr vereinfacht. Bei der homophonen Substitution wird deshalb versucht, die typischen Häufigkeiten der Klartextzeichen zu verschleiern. Dieses läßt sich erreichen, wenn alle Geheimtextzeichen mit der gleichen Häufigkeit auftreten. Dazu werden den häufig auftretenden Klartextzeichen mehrere Geheimtextzeichen zugeordnet.

<u>Anhang A tabelliert die Häufigkeitsverteilung der Buchstaben der deutschen Sprache</u>

Ein Beispiel für eine homophone Chiffrierung zeigt die folgende Tabelle:

Klartext	Geheimtext
a	10 21 52 59 71
b	20 34
c	28 06 80
d	04 19 70 81 87
e	09 18 33 38 40 53 54 55 60 66 75 85 86 92 93 99
f	00 41
g	08 12 97
h	07 24 47 89
i	14 39 46 50 65 76 88 94
j	57
k	23
l	16 03 84
m	27 11 49
n	30 35 43 62 63 67 68 72 77 79
o	02 05 82

p	31
q	25
r	17 36 51 69 74 78 83
s	15 26 45 56 61 73 96
t	13 32 90 91 95 98
u	29 01 58
v	37
w	22
x	44
y	48
z	64

Es handelt sich um eine monoalphabetische Substitution. Die Mächtigkeit der Mengen der Geheimtextzeichen ist hier größer als die Mächtigkeit der Menge der Klartextzeichen.

$$\varepsilon: \ M \to C \ , |M| < |C|$$ (1.8)

1.4. 6. Beispiel Vigenère-Chiffrierung

Die Vigenère-Chiffrierung wurde im Jahre 1586 von dem französischen Diplomaten Blais de Vigenère veröffentlicht.

- *Anstatt nur ein einziges Geheimtextalphabet zu verwenden, verwendet man mehrere im Wechsel, abhängig von dem gerade zu verschlüsselnden Klartextzeichen.*
- *Die 26 einzelnen Alphabete des sogenannten Vigenère-Quadrat sind jeweils um einen Buchstaben zyklisch nach links verschoben.*
- *Welches Geheimtext-Alphabet gerade zu verwenden ist, wird durch ein selbst-definiertes Schlüsselwort festgelegt. Diese müssen mit den Buchstaben der 1. Spalte des Vigenère-Quadrats übereinstimmen.*
- *Ist die Nachricht länger als das gewählte Schlüsselwort, wird das Schlüsselwort periodisch wiederholt.*
- *Es wird nicht zwischen Klein- und Groß-Buchstaben unterschieden*

Die Vigenère-Chiffrierung ist der Prototyp einer Reihe von Algorithmen, die professionell bis in unser Jahrhundert benutzt wurden. Die Anordnung der 26 Geheimtext-Alphabete (einzelne Zeilen, siehe unten) wird als das Vigenère-Quadrat bezeichnet.

```
a b c d e f g h i j k l m n o p q r s t u v w x y z
A B C D E F G H I J K L M N O P Q R S T U V W X Y Z
B C D E F G H I J K L M N O P Q R S T U V W X Y Z A
C D E F G H I J K L M N O P Q R S T U V W X Y Z A B
D E F G H I J K L M N O P Q R S T U V W X Y Z A B C
E F G H I J K L M N O P Q R S T U V W X Y Z A B C D
F G H I J K L M N O P Q R S T U V W X Y Z A B C D E
G H I J K L M N O P Q R S T U V W X Y Z A B C D E F
H I J K L M N O P Q R S T U V W X Y Z A B C D E F G
I J K L M N O P Q R S T U V W X Y Z A B C D E F G H
J K L M N O P Q R S T U V W X Y Z A B C D E F G H I
K L M N O P Q R S T U V W X Y Z A B C D E F G H I J
L M N O P O R S T U V W X Y Z A B C D E F G H I J K
```

```
M N O P Q R S T U V W X Y Z A B C D E F G H I J K L
N O P Q R S T U V W X Y Z A B C D E F G H I J K L M
O P Q R S T U V W X Y Z A B C D E F G H I J K L M N
P Q R S T U V W X Y Z A B C D E F G H I J K L M N O
Q R S T U V W X Y Z A B C D E F G H I J K L M N O P
R S T U V W X Y Z A B C D E F G H I J K L M N O P Q
S T U V W X Y Z A B C D E F G H I J K L M N O P Q R
T U V W X Y Z A B C D E F G H I J K L M N O P Q R S
U V W X Y Z A B C D E F G H I J K L M N O P Q R S T
V W X Y Z A B C D E F G H I J K L M N O P Q R S T U
W X Y Z A B C D E F G H I J K L M N O P Q R S T U V
X Y Z A B C D E F G H I J K L M N O P Q R S T U V W
Y Z A B C D E F G H I J K L M N O P Q R S T U V W X
Z A B C D E F G H I J K L M N O P Q R S T U V W X Y
```

Diese Form der Chiffrierung kann durch die Relation

$$E_{k_i}: M \to C^2, \ |E| > 1 \tag{1.9}$$

beschrieben werden.

1.4. 6. a) Schrittweise Anwendung der Vigenere-Chiffrierung anhand eines konkreten Beispiels

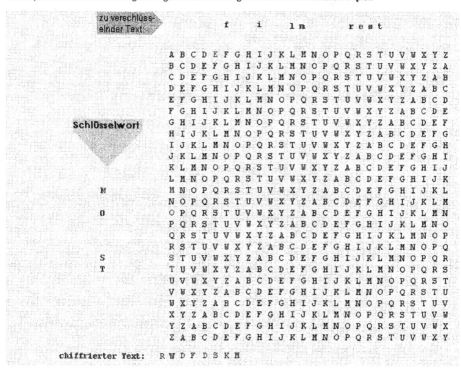

chiffrierter Text: R W D F D S K M

[keine ineraktive JAVA-SlideShow, da Ihr Browser JAVA nicht interpretiert !]

Applet:

http://www.ti.fht-esslingen.de/tis3thpe/Diplomarbeit/Kryptographie/inf-cod.htm#vigenere1

1.4. 6. b) Weiteres Konkretes Beispiel zur Vigenère-Chiffrierung zum selbst Nachvollziehen

Der zu verschlüsselnde Klartext *"Durch Sagen und Wiedersagen wird ein Geheimnis durch die Stadt getragen"* soll mit dem Schlüsselwort *"GEHEIM"* chiffriert werden.

Schlüssel	G E H E I	M g e h e	i m G	E H E I M g h e i m G	E H E I	M g e
Klartext	D u r c h	S a g e n	u n d	W i e d e r s a g e n	w i r d	e i n
Geheimtext	J Y Y G P	E G K L R	C Z J	A P I L Q X W H K M Z	C M Y H	M U T

Schlüssel	h e i m G E H E I	M g e h e	i m G	E H E I M	g e h e i m G E
Klartext	G e h e i m n i s	d u r c h	d i e	s t a d t	g e t r a g e n
Geheimtext	K L L M U S R P W	L G X G O	H Q Q	Y X H H B	S K X Y E O Q T

Formelverzeichnis der Relationen

Stichwortverzeichnis

zum Inhaltsverzeichnis am Anfang dieses Dokumentes

Diplomarbeiten Agentur

Die Diplomarbeiten Agentur vermarktet seit 1996 erfolgreich
Wirtschaftsstudien, Diplomarbeiten, Magisterarbeiten, Dissertationen
und andere Studienabschlußarbeiten aller Fachbereiche und Hochschulen.

Seriosität, Professionalität und Exklusivität prägen unsere Leistungen:

- Kostenlose Aufnahme der Arbeiten in unser Lieferprogramm
- Faire Beteiligung an den Verkaufserlösen
- Autorinnen und Autoren können den Verkaufspreis selber festlegen
- Effizientes Marketing über viele Distributionskanäle
- Präsenz im Internet unter **http://www.diplom.de**
- Umfangreiches Angebot von mehreren tausend Arbeiten
- Großer Bekanntheitsgrad durch Fernsehen, Hörfunk und Printmedien

Setzen Sie sich mit uns in Verbindung:

Diplomarbeiten Agentur
Dipl. Kfm. Dipl. Hdl. Björn Bedey —
Dipl. Wi.-Ing. Martin Haschke ——
und Guido Meyer GbR ————

Hermannstal 119 k ————
22119 Hamburg ————

Fon: 040 / 655 99 20 ————
Fax: 040 / 655 99 222 ————

agentur@diplom.de ————
www.diplom.de ————